KB199920

가장 귀한 선물

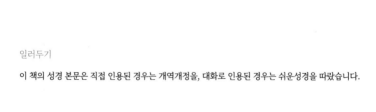

일러두기

이 책의 성경 본문은 직접 인용된 경우는 개역개정을, 대화로 인용된 경우는 쉬운성경을 따랐습니다.

바른 신앙과 건강한 교회 생활의 안내서

가장 귀한 선물

강성운

삼위 하나님이
준비하신 선물이
오늘 당신의 마음에
배송되었습니다!

예수님의 구원을 받아들일 때 당신도 하나님께 선물이 됩니다

규장

믿음생활의 안전한 내비게이션

강성운 목사님과 저는 꽤 오래 함께했습니다. 강 목사님은 제가 아는 사람입니다. 사랑하는 사람입니다. 강 목사님이 첫 책을 낸다며 추천사 이야기를 하길래 책 내용을 보기도 전에 쓰겠다고 했습니다. 책은 사람이 씁니다. 책을 쓰는 사람, 강 목사님을 알고 신뢰하기에 한 말입니다.

강 목사님은 하나님을 믿습니다. 강 목사님은 성경이 하나님의 말씀임을 믿습니다. 강 목사님은 교회를 사랑합니다. 이런 강 목사님이 성경을 통해 새 가족을 위한 내비게이션 하나를 만들었습니다. 새 가족을 위한 내비게이션이라는데, 사용해보니 이미 주의 가족이 된 이들에게도 필요한 내비게이션입니다.

강 목사님표 내비게이션에서 직진과 우회전과 좌회전 하라는 안내와 함께 속도를 줄이라는 안내도 나오고, 때로는 유턴을 하라는 안내도 나옵니다. 두꺼운 성경에 있는 진리를 얇은 책에 잘 담았습니다.

운전하면서 내비게이션의 안내를 받으며 가다 보면 가끔은 고가도로 위에서 우회전을 하라는 황당한 안내를 받을 때도 있습니다. 내가 지금 고가도로를 달리는지, 고가 밑 도로를 달리는지 구분이 되지 않아서 생긴 일 같습니다. 강 목사님표 내비게이션은 이런 경우가 없습니다. 안심하고 따라가도 됩니다. 이 책은 안전합니다.

좋은 사람이 좋은 책을 썼습니다. 믿는 사람이 믿음으로 쓴 책입니다. 목사님이 믿는 것을 그대로 썼습니다. 그래서 글이 힘이 있습니다. 선물 같은 책을 기쁜 마음으로 추천합니다.

조현삼 목사 | 서울광염교회 담임

하나님을 바로 알아가는 데 유익한 지침

신앙생활을 한다는 것은 하나님을 알아가는 것입니다. 바르고 성숙한 신앙생활을 위해서 하나님을 바로 아는 것은 무엇보다도 중요합니다. 강성운 목사님은 이 책에서 삼위 하나님에 대해 쉽고 명료하게 설명해주었습니다. 이 책이 새롭게 신앙생활을 시작하는 성도들, 그리고 더욱 깊고 온전한 신앙생활을 소원하는 성도들 모두에게 필요하고 유익한 지침이 될 것을 확신합니다.

김창훈 교수 | 총신대학교 신학대학원

그리스도의 충만함까지 자라는 선물이 되기를

'겸손한 확신'은 이 책의 가장 큰 미덕입니다. 기독교 신앙에 '확신'은 꼭 필요하지만 자신의 삶을 돌아보지 못하게 하고, 다른 생각을 가진 사람들을 정죄하게 하는 확신은 설령 그 내용이 올바른 것이라 하더라도 바람직하지 않습니다. 그런데 이 책은 신앙생활을 처음 시작할 때 알아야 할 것들에 대해 확신을 갖고 설명하면서도 겸손한 태도를 잃지 않습니다.

"우리의 평생 목표는 하나님을 매일 매일 더 풍성하게 알아가는 것이지 하나님을 완전히 다 아는 것이 아니다, 하나님을 다 알겠다는 목표를 세우는 것은 교만이다"라는 저자의 말에 깊이 공감하며 저를 돌아보았습니다. 나는 얼마나 하나님을 매일 매일 풍성하게 알아가고 있나. 하나님을 다 통달해 버리겠다는 교만한 목표를 가지고 살지는 않았나. 이 책을 통해 많은 독자들이 하나님을 풍성히 알아가는 복을 누리시길 바랍니다.

하나님의 사랑에 대한 저자의 설명을 읽으며 제 신앙이 좀 더 단단해지고 따뜻해지는 것을 느꼈습니다. 저자가 명확히 말하듯, 하나님은 사랑하시는 분이십니다. 그 하나님의 사랑은 모자람 없이 온전히 다 내어주시고, 대가를 바라지 않는 사랑입니다. 이 하나님의 사랑이야말로 신앙생활을 막 시작하시는 교회 내의 새가족 분들이 꼭 알고 경험하셔야 할 것입니다.

저자와 함께 다시 한번 말씀드리고 싶습니다. 하나님은 우리가 어떤 사람들인지 속속들이 다 아시면서도 여전히 사랑하시는 분입니다. 이 사실이 그야말로 기쁜 소식입니다. 하나님이 어떤 분이신지를 아는 것은 가슴 떨리는 일입니다. 이 책은 독자들에게 그런 경험을 선물해줄 것입니다.

"바른 신앙생활이란 성장하는 신앙생활이다"라는 저자의 말에 감탄했습니다. 에베소의 성도들이 하나님의 아들을 믿고 아는 일에 하나가 되어 그리스도의 충만하심의 경지에 이르고 사랑으로 진리를 말하고 살아 모든 면에서 머리이신 그리스도에게까지 자라기를 구한 바울의 기도가 생각났습니다.

하나님이 예수님을 우리에게 가장 귀한 선물로 주셨으니, 이제 바울의 기도대로 이 책을 읽는 모든 분이 그리스도의 충만함까지 자라는 믿음과 순종을 하나님께 가장 귀한 선물로 드리는 복을 받기를 구합니다. 예수님이 세상에서 가장 귀한 선물입니다. 그리고 여러분의 믿음과 순종의 삶이 하나님께서 받으시는 가장 귀한 선물입니다. 이 책을 읽으시는 분들이 책 마지막의 기도를 통해 하나님께 첫 선물을 드리실 수 있기를 기도합니다.

전성민 원장 | 밴쿠버기독교세계관대학원, 유튜브 민춘살롱

차례

가장 좋은 선물을 전하는 마음

당신은 하나님의 존재를 믿습니까? 이 책을 읽고 계신 분 가운데는 '나는 내가 하나님을 믿고 있는지 아직 잘 모르겠다'라고 생각하시는 분도 계실 것입니다. 괜찮습니다. 아니, 오히려 그런 생각을 갖고 계신 분들을 더욱 환영합니다. 이 책은 하나님을 더욱 잘 알고자 하는 분들을 위한 것이기도 하지만, 아직 내가 하나님을 믿고 있는지 잘 모르거나, 제대로 믿고 있는지 의심이 되는 분들을 위한 책이기도 하니까요.

우리 중에 "하나님은 이런 분"이라고 단정할 수 있는 사람이 있을까요? 만일 자신이 하나님에 관한 모든 것을 다 알고 있다고 말한다면 그는 거짓말을 하고 있거나 망상에 빠진 것입니다. 유한한 사람이 무한하신 하나님을 다 알 수 없기 때문입니다.

이 세상에서뿐만 아니라 천국에 가서도 우리는 하나님에 관해 다 알 수 없습니다. 물론 이 세상에서보다는 더 정확하고 더 풍성하게 알게 되겠지만 그렇다고 하나님을 완벽히 알 수는 없습니다.

천국에서도 우리는 피조물이고 하나님은 창조주라는 사실은 변함이 없기 때문입니다.

그러므로 우리는 목표를 바로 잡아야 합니다. 우리의 평생 목표는 하나님에 대해 어제보다 오늘, 오늘보다 내일 더욱 자세하고 풍성하게 알아가는 것이지, 하나님을 완전히 다 아는 것이 될 수 없습니다. 하나님을 다 알겠다는 목표를 세우는 것은 교만입니다.

성경의 계시를 통해 하나님을 알아가십시오

어떻게 하나님을 알아갈 수 있을까요? 우리의 생각, 이성과 논리, 다양한 추론과 연구 등을 통해 하나님을 알 수 있을까요? 물론 하나님은 우리가 하나님을 알아가는 일에 그런 능력들을 사용하도록 허락하십니다. 하지만 아무리 노력해도 우리는 하나님께서 스스로 자신에 관해 드러내신 만큼만 하나님을 알 수 있을 뿐입니다.

이처럼 하나님께서 자신을 알리시기 위해 스스로 드러내신 일을 '계시'(啓示)라고 합니다. 사람인 우리는 자신의 능력이 아니라 하나님의 계시를 통해서 그분을 알아가게 되는 것입니다. 이 책에서 다루는 내용은 모두 하나님의 계시를 통해 깨닫게 된 것들입니다.

제가 얼마나 신비로운 능력을 가졌기에 하나님의 계시를 받았을까 생각하실지도 모르겠습니다. 저는 꿈이나 환상으로 하나님의 계시를 직접 받은, 즉 소위 말하는 직통 계시를 받은 적이 없습니다. 대신 기록된 하나님의 말씀인 성경의 계시를 통해서 하나님을 아는 지식을 얻고, 그 지식을 전할 뿐입니다.

만일 어떤 사람이 자신은 하나님의 직통 계시를 받았다고 주장하면 그의 말에 혹하지 않기를 바랍니다. 하나님의 직통 계시를 받았다는 사람, 자신이 천국에 가보고 지옥도 경험했다는 사람의 말을 믿지 마십시오.

만에 하나, 정말 그런 일이 있었다 해도, 그들의 말을 듣지 않아서 보는 손해보다 그 말을 듣지 않아서 얻는 유익이 훨씬 큽니다. 이 세상에 거짓 선지자, 거짓 교사, 거짓 그리스도(적그리스도)가 너무 많기 때문입니다. 대신 기록된 계시의 말씀, 곧 성경만 믿으시기 바랍니다. 성경이면 충분합니다. 아니, 넘치고도 남습니다.

부디 우리 모두 오직 하나님께서 성경에 담아주신 계시의 말씀만을 진리의 말씀으로 받아들이고, 다른 헛된 가르침들에 흔들리지 않기를 바랍니다. 부디 이 책이 성경에 담긴 하나님의 계시를 여러분에게 이해하기 쉽게 소개하는 도구가 되기를 소망합니다.

바른 믿음으로 진리 위에 굳게 서십시오

이 책의 일차적인 독자 대상은 신앙생활을 이제 막 시작한 교회 내의 새 가족들입니다. 신앙생활의 초보 단계에 있는 성도들에게 하나님에 관해 소개하고 싶고, 바른 신앙생활이 어떤 것인지를 알려드리고 싶어서 글을 쓰기 시작했습니다.

그런데 글을 쓰다 보니 소원이 한 가지 더 생겼습니다. 수많은 가치관과 세계관이 충돌하는 세상 속에서 혼란스러워하는 성도들, 이단과 사이비가 창궐하는 시대에 바른 믿음을 갖기를 원하는 성도들에게 작게나마 도움을 드리고 싶은 마음이 생겼습니다.

신앙생활을 오래 했다고 해서 세상의 유혹과 사탄의 시험에서 벗어나 있는 것은 아닙니다. 그러므로 신앙생활을 이제 막 시작한 성도든 신앙생활을 오래 한 성도든 모두 하나님의 말씀을 늘 배우고 진리 위에 굳게 서는 일에 힘써야 합니다.

비록 곳곳에 우리를 미혹하는 세력들이 있으나 너무 두려워하지는 마십시오. 우리가 바른 신앙생활을 하고 있다면 그 무엇도 우리를 하나님으로부터 빼앗을 수 없습니다. 이 책이 여러분에게 바른 신앙생활의 안내서가 되기를 간절히 소망합니다. 하나님을 사랑하고, 진리를 사모하는 모든 성도에게 하나님께서 주시는 은혜와 평강이 충만하기를 축복합니다.

신제주광염교회에서
강성운 목사

PART 1

성부
하나님

읽기 전에 생각해봅시다

- 당신은 하나님을 어떤 분으로 생각하고 있습니까? 아주 단순한 답도 좋습니다. 하나님에 대한 자신의 생각을 기록해봅시다.

- 당신은 어떤 상황에서 하나님께서 당신을 사랑하심을 크게 느낍니까? 그리고 어떤 상황에서 하나님의 사랑에 대한 믿음이 작아집니까?

01
존재하시는 하나님

창조 그 이전

성경이 어떤 말씀으로 시작하는지 아십니까? 신앙생활을 이제 막 시작한 분, 심지어 신앙생활을 경험한 적이 없는 분이라도 성경의 첫 구절인 이 말씀을 들어본 적이 있을 것입니다.

태초에 하나님이 천지를 창조하시니라

창세기 1장 1절

단 네 어절로 이루어진 이 짧은 문장 속에서 하나님이 어떤 분이신지를 발견하셨습니까? 많은 사람이 이 말씀에서 '창조주 하나님'을 발견합니다. 맞습니다. 하나님은 온 우주 만물을 창조하신 분이십니다. 무에서 유를 창조하신 분이 우리가 믿는 하나님입니다.

그런데 저는 성경의 이 첫 구절에서 '창조주 하나님'보다 더 본질적인 하나님의 특성을 발견할 수 있다고 생각합니다. 그것은 바로 '존재하시는 하나님'입니다. 놀랍게도 성경은 하나님이 존재하신다는 사실을 증명하거나 설득하려 하지 않습니다. "태초에 하나님이 천지를 창조하셨다"라는 말씀을 전하면서 담담하면서도 당연하게 하나님의 존재를 선포하고 있습니다.

존재하시는 하나님께서 어느 시점에 천사, 사람의 영혼과 같은 영적인 존재들을 창조하시고 사람의 몸, 식물과 동물 같은 물질적인 존재들도 창조하셨습니다. 바이러스와 박테리아, 그보다 더 작은 원자나 미립자와 같이 눈에 보이지 않을 정도로 작은 물질부터 태양계와 은하계 그리고 우주 전체를 창조하셨습니다.

눈에 보이는 세계부터 눈에 보이지 않는 세계에 이르기까지, 만질 수 있는 물질부터 만질 수 없는 영적 존재들에 이르기까지 하나님은 그 모든 것을 창조하셨습니다. 죄를 제외한 모든 것은 하나님께서 창조하신 피조물입니다.

지식의 출발은 존재에 대한 믿음에서

창조는 하나님께서 행하신 놀라운 일이지만, 창조만으로 하나님에 대한 모든 것을 설명할 수는 없습니다. 창조는 하나님께서 행하신 수많은 일들 가운데 하나입니다. 그러므로 하나님에 대한 지식은 창조가 아니라 '하나님은 존재하신다'라는 사실에서 시작됩니다.

이런 관점에서 볼 때 온 세상 사람들은 둘로 나뉩니다. 하나님이 존재하신다는 사실을 믿는 사람들과 하나님이 존재하신다는 사실을 믿지 않는 사람들입니다. 당신은 어느 쪽에 속해 있습니까? 당신이 '하나님은 존재하신다'라는 사실을 믿고 있다면 아주 좋은 출발을 한 것입니다. 비록 하나님에 대한 지식이 부족하다 할지라도, 하나님의 존재를 믿는다는 사실 자체가 당신이 복 있는 사람임을 증명합니다.

하나님이 존재하시는 것 같긴 한데 아직 충분한 확신이 없을 수도 있습니다. 그렇다 해도 염려하지 마십시오. 하나님의 존재에 대해 호기심을 갖는 것만으로도 당신은 이미 하나님의 은혜의 날개 아래 있습니다. 당신 스스로는 인정하지 않을지 모르지만, 하나님은 이미 당신 안에서 역사하고 계실 가능성이 매우 큽니다. 이 사실에 대해 예수님은 이렇게 말씀하십니다.

너희가 나를 택한 것이 아니요 내가 너희를 택하여 세웠나니…
요한복음 15장 16절

사람이 하나님의 존재를 인정한다고 해서 하나님이 존재하시고, 그러지 않는다고 해서 하나님이 존재하지 않으시는 것이 아닙니다. 사람의 인정 여부와 관계없이 하나님은 존재하십니다.

존재하시는 하나님은 사람의 마음속에 하나님의 존재를 알고자 하는 마음을 주십니다. 그러므로 당신이 하나님의 존재에 대해 관심을 갖기 시작했다면 그것은 당신 자신의 결정이 아니라, 이미 하나님께서 당신을 택하시고 당신 안에서 일하고 계신 증거일 가능성이 매우 큽니다.

하나님이 존재하신다는 사실이 아직 완전히 믿기지는 않지만 지금 교회에 발을 들였거나, 성경책을 펼쳐서 보거나, 예배에 참석하거나, 주변에 하나님에 대해 말해주는 사람들이 있다면 이미 당신 삶 속에서 이미 하나님의 놀라운 일들이 일어나고 있는 것입니다. 이 놀라운 일들을 통해서 하나님은 최고의 복과 은혜를 당신에게 주실 것입니다.

그 모든 것은 오직 하나님만이 주실 수 있고 세상은 결코 줄 수 없는 것입니다. 당신이 무엇을 상상하든, 그 상상 이상의 놀라운 일들을 기대하십시오. 하나님은 그 놀라운 일을 이루실 능력이 있으실 뿐만 아니라, 그것을 이루기를 간절히 원하시는 분이십니다.

너의 하나님 여호와가 너의 가운데에 계시니

그는 구원을 베푸실 전능자이시라

그가 너로 말미암아 기쁨을 이기지 못하시며

너를 잠잠히 사랑하시며

너로 말미암아 즐거이 부르며 기뻐하시리라

스바냐서 3장 17절

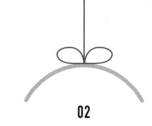

02
창조하시며 통치하시는 하나님

창조와 통치

하나님의 사역과 관련하여 가장 잘 알려진 내용은 하나님의 '창조'입니다. 앞서 보았던 성경의 첫 구절 "태초에 하나님이 천지를 창조하시니라"(창 1:1)라는 말씀은 하나님의 창조에 관해 더욱 폭넓은 통찰력을 요구합니다. 이 말씀은 단순히 하나님께서 우리 눈에 보이는 하늘과 땅을 만드셨음을 전하는 것이 아닙니다. 그보다 훨씬 크고 넓은 의미가 있습니다.

물론 하나님께서 창조하신 '천지'는 눈에 보이는 하늘과 땅도 포함하지만, 더 정확히는 존재하는 모든 것을 의미합니다. 곧 영의 세계와 물질세계 모두를 가리키는 것입니다. 하나님은 존재하는 모든 것의 창조자이십니다. 그분은 존재하는 모든 것을 창조하신 것으로 그치지 않고, 그 모든 것을 다스리십니다.

이 사실을 인정하지 않는 주장으로 '이신론'(理神論)이라는 이론이 있습니다. 이신론은 "하나님께서 천지를 창조하시면서 그 안에 아주 정교한 질서와 법칙을 두셔서 창조된 세계가 잘 운행되게 하셨고, 그 후로 하나님은 창조된 세계에 더는 간섭하지 않으신다"라고 주장합니다.

이런 주장은 잘못된 것입니다. 하나님은 존재하는 모든 것을 창조하신 창조주이실 뿐만 아니라, 존재하는 모든 것을 다스리시는 주재, 곧 통치자이심을 성경은 일관되게 진술합니다.

하나님의 통치에 대해 잘못된 견해는 또 있습니다. 어떤 이들은 이 세상을 하나님과 사탄의 싸움터로 생각합니다. 그래서 하나님의 힘이 강해지면 사탄의 세력이 약해지고, 하나님의 힘이 약해지면 사탄의 세력이 강해진다고 여깁니다.

그러나 이것 역시 잘못된 생각입니다. 이런 사상은 세상을 선한 신과 악한 신의 싸움터로 여기는 조로아스터교의 주장에 영향을 받은 것입니다. 물론 사탄이 하나님을 향해 도전하고 있는 것은 사실이지만, 사탄은 결코 하나님의 맞상대가 되지 못합니다.

사탄이 싸우는 대상은 천사장 미가엘을 비롯한 천사들입니다. 그뿐만 아니라 사탄과 그의 부하들은 천사장인 미가엘과 천군천사들을 이기지 못합니다. 요한계시록은 이 사실을 이렇게 기록하고 있습니다.

하늘에 전쟁이 있으니 미가엘과 그의 사자들이 용과 더불어 싸울새

용과 그의 사자들도 싸우나 이기지 못하여

다시 하늘에서 그들이 있을 곳을 얻지 못한지라

큰 용이 내쫓기니 옛 뱀 곧 마귀라고도 하고 사탄이라고도 하며

온 천하를 꾀는 자라

그가 땅으로 내쫓기니 그의 사자들도 그와 함께 내쫓기니라

요한계시록 12장 7–9절

마귀 또는 사탄이라고 하는 악한 영적 존재와 그의 사자들(부하들, 쉬운성경)은 천사장 미가엘과 그를 따르는 천군천사들을 이기지 못합니다. 그런 존재가 어떻게 감히 하나님을 이길 수가 있겠습니까!

그러므로 사탄과 그 부하들, 그리고 하나님을 섬기지 않는 사람들, 심지어 죄와 사망의 권세조차도 하나님의 통치 아래 있다는 사실을 알아야 합니다. 그들이 아무리 발악하며 총공세를 펼쳐도 하나님을 이길 수 없습니다.

이 사실을 알면 신앙생활을 하면서 지나친 두려움에 빠지지 않습니다. 사탄이 나를 하나님으로부터 빼앗아 자기의 소유로 삼을까 봐 두려워할 필요가 없습니다. 내가 하나님을 향한 믿음을 지키고 있다면, 내가 하나님을 떠나지 않는다면 사탄은 결코 나를 하나

님으로부터 빼앗을 수 없습니다.

우리가 하나님만 섬기고 그분의 뜻에 순종하기만 하면 우리를 이길 자는 아무도 없습니다. 우리가 강해서가 아니라 하나님께서 우리를 지키고 보호하시기 때문입니다. 그러므로 우리 안에 이런 확신이 있어야 합니다.

"이미 예수 그리스도께서 모든 죄와 사망의 권세를 이기고
나를 구원하셔서 하나님의 자녀가 되게 하셨다.
비록 사탄과 악한 영들이 나를 시험하고 공격하며
나는 때때로 넘어지기도 하고 실패하기도 하지만,
나는 반드시 승리한다.
전능하신 만군의 하나님께서 나와 함께하시기 때문이다."

자유의지

하나님의 통치와 관련하여 우리가 할 일은 하나님의 통치에 순종하는 것입니다. 그런데 하나님은 가장 존귀한 피조물인 사람이 본능적으로 또는 억지로 그분의 뜻에 순종하는 것이 아니라 자발적으로 순종하는 존재가 되기를 바라셨습니다. 그래서 사람에게 자유의지를 주셨습니다.

자유의지를 간략하게 정의하면 '스스로 자유롭게 선택할 수 있는 의지'라고 말할 수 있습니다. 하나님은 사람에게 자유의지를 주심으로 다른 피조물들에 비해 월등히 뛰어난 존재가 되게 하셨지만, 동시에 이 자유의지를 잘못 사용할 때 엄중한 대가를 치르도록 하셨습니다.

최초의 사람인 아담과 하와는 이 사실을 잘 알고 있었습니다. 그들이 하나님의 뜻을 어기고 에덴동산에 있는 선악과를 먹으면 정녕 죽으리라는 것을 알고 있었습니다. 결국 인류의 대표자인 아담이 하나님의 뜻에 순종하지 않고 하나님의 다스리심을 거부했기에 죄와 사망의 권세에 사로잡히게 되었습니다.

그러나 분명히 알아야 할 사실이 있습니다. 사람은 죄를 짓고 하나님의 통치를 거부했지만, 그럼에도 여전히 하나님은 사람을 사랑하십니다. 하나님은 그분과의 언약을 깨뜨린 불의한 사람을 독생자의 생명을 내주실 정도로 사랑하십니다. 그래서 불순종한 사람이 회개하고 하나님께 돌아와 다시 하나님의 통치하심에 순종하기를 원하십니다.

사람이 하나님께 돌아와 하나님의 다스리심에 순종하면 하나님은 그를 용서하시고, 다시 시작할 수 있는 은혜를 주십니다. 사람이 하나님께 돌아와 하나님의 선하신 인도하심에 자신을 맡길 때 비로소 세상이 줄 수 없는 진정한 평안을 누리게 됩니다.

창조의 능력

하나님께서 사람에게 주신 탁월한 능력이 또 하나 있습니다. 그것은 '창조의 능력'입니다. 하나님께 창조의 능력이 있듯이 그분을 닮은 존재인 사람에게도 창조의 능력이 어느 정도는 있습니다. 그래서 사람은 다른 피조물들이 이루지 못하는 놀라운 일을 이루어 냅니다. 문명과 기술, 과학과 문화 등 다른 피조물들과는 차원이 다른 성과를 이루며 살고 있습니다.

물론 사람의 창조 능력을 하나님의 창조 능력과 비교할 수는 없습니다. 하나님께서 소유하신 창조의 능력이 무에서 유를 만들어 내는 것이라면, 사람이 가지고 있는 창조의 능력은 하나님께서 창조하신 물질들을 이용하거나 응용하여 새로운 것을 만들어내는 수준입니다. 그렇기는 해도 이 창조의 능력은 다른 피조물들에는 없는 특별한 것입니다.

하나님께서 이 위대한 선물을 주셨는데도 사람은 하나님께 감사하지 않고 도리어 교만해질 때가 많습니다. 마치 자신이 하나님인 것처럼, 무엇이든 할 수 있는 것처럼 거드름을 피웁니다.

그러나 자기 자신을 솔직히 돌아보기만 해도 그런 교만이 얼마나 어리석은 것인지를 스스로 깨달을 수 있습니다. 단 한 번의 호흡도 스스로 만들어낼 수 없는 존재, 음식과 물 없이는 생명을 유지할 수도 없는 존재가 스스로 자신을 하나님보다 위에 둔다는 것이 얼마나 우스운 일입니까!

또한 사람의 영혼은 하나님의 말씀이 공급되지 않으면 질식하여 사망 상태에 이르게 됩니다. 몸이 멀쩡하니 자신의 영혼에도 아무런 문제가 없을 것으로 생각하면 큰 착각입니다. 하나님을 떠난 영혼은 죽은 것이나 다름없습니다.

이처럼 사람은 몸으로도 영혼으로도 하나님 없이는 살 수 없는 존재입니다. 하나님은 스스로 존재하시는 분이지만, 사람은 하나님 없이는 존재할 수 없는 피조물입니다.

그러므로 사람은 하나님의 통치를 받아야 합니다. 하나님의 다스리심에 순종할 때, 그 영혼과 몸이 비로소 생명을 얻습니다. 하나님의 통치를 거부하고 하나님을 떠난 사람들을 기다리는 것은 두려운 심판과 영원한 죽음뿐입니다. 그러나 하나님을 주인으로 맞이하고 그분의 통치를 받고 살아가는 자들에게는 영광의 면류관과 영원한 생명이 주어집니다.

03
당신을 사랑하시는 하나님

하나님은 사랑이시라

성경은 존재하시는 하나님이 어떤 분이신지를 알려줍니다. 창조주 하나님, 전능하신 하나님, 모든 것을 다 아시는 하나님, 어디에나 계시는 하나님, 완전하신 하나님, 승리하시는 하나님 등 수많은 하나님에 대한 정의와 설명 가운데 단 하나만을 소개하라면 당신은 무엇을 선택하겠습니까? 저는 이 성경 구절을 선택했습니다.

하나님은 사랑이시라

요한일서 4장 16절

이 말씀은 우리가 존재할 수 있는 이유이자 구원을 얻게 된 유일한 근거입니다. 우리는 하나님의 사랑 때문에 존재하고, 하나님의 사랑 때문에 죄 사함을 받아 구원에 이르고, 하나님의 사랑 때문에 이 세상에서 은혜와 복들을 누리고, 하나님의 사랑 때문에 천국을 소망하며 살 수 있는 것입니다.

"하나님은 사랑이시라"라는 문장은 하나님에 대한 정의이자 진리이기 때문에 어떤 의심도 용납하지 않습니다. 이 문장에 대해서는 둘 중 하나만 선택할 수 있습니다. 믿느냐, 믿지 않느냐.

하나님이 존재하신다는 사실은 믿는데 하나님이 사랑이심은 믿지 않는다면 그는 하나님에 대한 잘못된 지식을 가지고 있는 것입니다. 더 나아가 하나님이 사랑이심을 믿지 않는다면 구원에 이르지도 못합니다. 왜냐하면 구원에 이르는 믿음은 하나님은 사랑이시라는 사실에서 출발하기 때문입니다.

하나님은 사랑이십니다. 그러므로 당신을 향한 하나님의 사랑은 멈추지 않습니다. 심지어 당신의 죄와 허물로 인해 진노하시는 중에도 그 사랑은 멈추지 않습니다.

때로 우리는 하나님이 나를 정말 사랑하시는지 의심이 들 때가 있습니다. 보통 내가 간절히 기도한 대로 하나님께서 이루어주지 않으시거나, 내가 꼭 이루고 싶은 일을 위해 하나님의 도우심을 구했는데 도움을 얻지 못했다고 생각할 때입니다.

그러나 이러한 상황들도 하나님의 '사랑의 표현'이라는 사실을 알아야 합니다. 자녀를 사랑하는 부모는 자녀가 모든 일을 자기 마음대로 하도록 내버려 두지 않습니다. 별문제가 없을 것 같으면 자녀가 원하는 대로 하도록 허락도 하고 도움의 손길도 주지만, 자녀의 선택이 잘못된 것일 때는 단호하게 가로막습니다. 하나님도 마찬가지입니다.

물론 차이는 있습니다. 부모는 사람이기에 실수가 있지만, 하나님은 실수가 없으십니다. 우리를 사랑하시며 어떤 경우에도 실수하지 않으시는 하나님의 뜻에 순종하는 것, 그것이 그분의 사랑에 대한 우리의 올바른 반응입니다.

조건 없는 하나님의 사랑

하나님의 사랑은 사람들의 사랑과 다릅니다. 사람은 사랑받을 만한 사람을 사랑하고, 미워할 만한 사람을 미워합니다. 하지만 하나님은 다르십니다. 하나님께서 사람과 같이 사랑할 만한 사람만 사랑하시고, 미워할 만한 사람은 미워하신다면 하나님과 사람 사이에 무슨 차이가 있겠습니까?

하나님은 우리가 사랑받을 만해서 사랑하시는 것이 아닙니다. 그분의 본질이 사랑이시기 때문에 우리의 좋은 부분뿐만 아니라 더럽고 추하고 연약한 부분까지도 사랑하십니다. 하나님의 사랑은 조건이 없는 사랑입니다.

물론 성경을 읽다 보면 하나님은 악인을 미워하신다는 말씀이 나옵니다. 그 본질이 사랑이신 하나님이 누군가를 미워하신다는 것은 앞뒤가 맞지 않는 것처럼 보입니다. 그러나 그런 표현은 하나님의 공의로운 성품을 묘사하는 것입니다.

하나님은 죄는 미워하시지만, 죄의 종이 된 사람은 여전히 불쌍히 여기며 사랑하십니다. 사람이 악을 행하고 죄를 저지르면 그 악과 죄에 대해 진노하시지만, 진노 중에도 사람을 향한 사랑을 잃지 않으십니다. 그러므로 우리의 죄를 징계하시더라도 그 동기는 언제나 우리에 대한 사랑입니다.

저는 1970년대와 1980년대에 초, 중, 고등학교를 다녔습니다. 지금은 큰일 날 일이지만, 당시에는 선생님들이 학생들을 언어적으로나 신체적으로 자주 체벌했습니다. 그 중에는 정말 학생들이 잘되기를 바라는 마음이 느껴지는 때도 있지만 그렇지 않은 때도 있었습니다. 심지어 분풀이 식으로 과도하게 체벌하는 경우도 있었습니다. 하지만 하나님의 징계는 결코 분풀이나 화풀이가 아닙니다. 히브리서에는 이런 말씀이 있습니다.

주께서 그 사랑하시는 자를 징계하시고
그가 받아들이시는 아들마다 채찍질하심이라
히브리서 12장 6절

우리의 죄에 대해 하나님께서 징계하고 회초리를 드시는 이유는 우리를 사랑하시기 때문입니다. 우리가 죄를 범하고 징계 없이 지옥에 가는 것보다 징계를 받고 돌이켜 천국에 가는 것을 원하시기 때문입니다. 이처럼 하나님의 징계에는 우리를 향한 그분의 진정한 사랑이 담겨 있습니다.

우리는 우리 자신을 미워하기도 합니다. 당신도 당신 자신을 미워한 적이 있을 것입니다. 아무리 자기애가 넘치는 사람이라도 자신을 미워한 적이 있을 것입니다. 사실 우리는 우리 자신의 실수나 실패, 죄와 허물을 너무 자주 그리고 너무 오래 미워해서 문제입니다. 하지만 하나님은 결코 당신을 미워하지 않으십니다. 당신을 사랑하십니다. 심지어 당신의 죄와 허물에 대해 진노하시는 중에도 당신을 향한 하나님의 사랑은 변함이 없습니다.

이제 자신을 돌아봅시다. 당신은 감사와 기쁨, 감동과 감격이 있는 신앙생활을 하고 있습니까? 그렇지 못하다면 무엇이 문제일까요? 하나님께서 당신을 사랑하지 않으시기 때문일까요? 아닙니다. 이유는 당신에게 있습니다. 당신을 향한 하나님의 사랑을 모르거나, 부분적으로만 알고 있거나, 잊고 지내기 때문입니다.

그러므로 우리는 계속해서 그리고 반복적으로 우리를 향한 하나님의 사랑이 어떤 것인지를 배우고, 묵상하고, 경험하고, 고백하고, 감사하며 살아야 합니다.

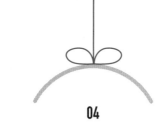

04
당신의 모든 것을 아시는 하나님

세상에서 가장 쓸데없는 걱정

우리는 걱정이 많은 사람들입니다. 사람이라면 누구나 걱정을 합니다. 어떤 걱정은 실수나 사고를 막아주는 기특한 걱정입니다. 반면에 우리에게 전혀 도움이 안 되는 쓸데없는 걱정도 있습니다. 제 생각에 세상에서 가장 쓸데없는 걱정은 이것입니다.

'하나님께서 내가 얼마나 더럽고 추한 사람인지 알게 되시면 어쩌지?'

나를 향한 하나님의 사랑에 대해서 알수록, 그리고 하나님의 거룩하심에 대해서 알면 알수록 하나님 앞에 서는 것이 부끄러워집니다. 하나님의 그 크신 사랑 앞에서, 사랑받을 만한 자격이 없는 나 자신이 초라하게 여겨집니다. '내가 감히 하나님께로 나아갈 수 있을까' 하는 생각에 자신감도 사라집니다. 하나님께서 내가 얼마나 더럽고 추악한 존재인지를 아신다면 나에게 실망하시고 떠나실까 봐 두렵습니다.

그런 생각이 들 때 반드시 이 사실을 기억하기 바랍니다. 그런 걱정은 세상에서 가장 쓸데없는 걱정입니다! 우리는 그런 걱정을 할 필요가 없습니다. 아니, 그런 생각은 결코 해서는 안 됩니다. 그런 생각은 하나님은 원치 않으시지만 사탄은 원하는 것이기 때문입니다.

우리는 하나님 앞에서 자신을 감출 수도 없고, 그럴 필요도 없습니다. 왜냐하면 하나님은 이미 우리의 모든 일, 심지어 우리가 감추고 싶어 하는, 또는 잘 감추었다고 생각하는 일들까지도 이미 다 알고 계시기 때문입니다.

하나님께서 우리가 어떤 존재인지를 알지 못하고 우리를 택하셨다면 우리는 더럽고 추한 모습을 들키지 않으려고 애써야 할 것입니다. 하지만 하나님은 우리의 모든 것을 이미 아십니다. 아시면서도 우리를 사랑하십니다. 그리고 그 증거를 우리에게 보내셨습니다. 그 증거가 무엇입니까? 바로 예수 그리스도입니다.

하나님의 독생자 예수 그리스도께서는 이 세상에 오시면서 이렇게 말씀하셨습니다.

"나는 의인을 부르러 온 것이 아니라, 죄인을 부르러 왔다"(마 9:13).

그렇습니다. 예수님은 우리가 죄인임을 아시고 이 세상에 오셨습니다. 그리고 우리의 더럽고 추악한 모든 죄를 용서하시기 위해 십자가에 달리셨습니다.

우리가 잊어서는 안 되는 사실이 있습니다. 우리를 향한 하나님의 사랑은 조건에 따라 변하는 사랑이 아닙니다. 하나님의 사랑은 무조건적이고 변함이 없습니다.

만일 우리를 향한 하나님의 사랑이 변한다면, 그래서 우리가 죄를 지을 때마다 하나님께서 그 사랑을 거둬가신다면 어떻게 될까요? 우리는 하나님의 사랑을 단 하루도 온전히 누리지 못할 것입니다. 하지만 하나님은 우리의 조건을 보고 사랑하시는 분이 아닙니다. 그분은 한결같이 우리를 사랑하십니다.

그러므로 '하나님께서 내 죄와 허물을 보고 나를 떠나시면 어쩌나' 하고 불안해할 필요가 없습니다. 이 사실을 아는 순간 우리는 이렇게 고백하게 됩니다.

"내가 세상에서 가장 쓸데없는 걱정을 하고 있었구나!"

나를 아시고 또한 사랑하시는 하나님

전도할 때 가끔 이런 이야기를 듣습니다.

"목사님, 저도 언젠가는 예수님을 믿고 교회에 나갈 겁니다. 그런데 지금은 제가 부끄러운 것이 많아서 저 자신의 문제들을 정리해야 합니다. 제 문제들이 정리가 좀 되면 그때 교회에 나가려고 합니다."

이런 생각은 완전히 잘못된 것입니다. 예수님은 죄인을 부르러 오셨고, 병자를 고치러 오신 분이십니다. 그런데 "내 죄와 허물을 좀 정리하고 예수님을 믿겠다"라고 하는 것은 지금 당장 치료받아야 할 환자가 "제 병이 좀 나은 다음에 병원에 가서 의사를 만나겠습니다"라고 말하는 것과 다를 바 없습니다.

'하나님께서 내 죄와 허물을 아시면 어떡하나' 걱정할 필요가 없습니다. 그것은 하나님과 나 사이를 더 벌려 놓을 뿐입니다. 하나님은 내가 감추고 싶어 하는 것들을 이미 모두 알고 계십니다. 아니, 심지어 나 자신도 모르고 있는 내 죄와 허물과 연약함까지도 다 아십니다.

나를 창조하신 하나님은 나보다 나를 더 잘 아십니다. 그러니 참 난감한 일 아닙니까? 나를 사랑하시는 분께 내 치부가 다 드러나 있으니 얼마나 부끄러운 일입니까. 하지만 염려하지 마십시오. 하나님은 나보다 나를 더 잘 아실 뿐 아니라, 나보다 나를 더 사랑하는 분이십니다.

이런 경험을 한 적이 있지 않습니까? 사람들에게 내 기쁨을 나누었는데 그것이 시기와 질투가 되어 돌아오고, 내 슬픔을 나누었는데 도리어 조롱과 놀림거리가 되어 돌아올 때 말입니다. 믿고 비밀을 털어놓으면 그것이 나의 약점이 되기도 합니다.

그러나 너무 억울하게 생각할 필요는 없습니다. 내가 피해자가 되어 괴로울 때도 있지만, 반대로 내가 가해자가 될 때도 있습니다. 사람이라면 누구나 시기하는 마음, 상대방의 약점을 밟고 올라서려고 하는 마음을 가지고 있습니다.

그러나 하나님은 사람과 다르십니다. 하나님은 우리의 죄와 허물, 약점을 잘 아실 뿐만 아니라, 우리가 감추고 싶어 하는 것들을 도리어 감싸주시고 불쌍히 여기십니다.

우리가 잘 아는 찬송 중에 〈예수 사랑하심을〉(새찬송가 563장)이라는 찬송이 있습니다. 보통은 1절을 많이 부르고 기억하는데, 저는 이 찬송의 3절 가사를 특히 좋아합니다. "내가 연약할수록 더욱 귀히 여기사 높은 보좌 위에서 낮은 나를 보시네"라는 이 가사가 저에게 큰 위로와 힘이 되기 때문입니다.

나의 부끄러운 모습, 추악한 생각, 감추고 싶은 비밀, 더러운 죄악들. 그 모든 것을 하나님은 다 아십니다. 알면서도 사랑하십니다. 하나님은 사랑이시기 때문입니다. 그렇다고 우리를 그 상태 그대로 방치하지는 않으십니다. 있는 모습 그대로 받아주시지만, 우리를 사랑하시기에 소매를 걷어붙이고 그 더럽고 추한 것들을 치워주기를 원하십니다.

우리가 이 사실을 안다면 하나님 앞에서 정직해야 합니다. 하나님께 솔직하게 모든 것을 말씀드리고 도우심을 구해야 합니다. 내 치부를 들추어 조롱거리가 되게 하시는 것이 아니라 그것을 함께 청소해주시며 우리가 새롭게 시작할 수 있도록 도우시는 하나님 앞에 나아가야 합니다.

하나님께서 사랑하신 왕 다윗이 그런 사람이었습니다. 성경은 다윗이 헷 사람 우리아와 관련된 일을 제외하고는 평생에 여호와 보시기에 정직하게 행하고, 하나님께서 자신에게 명령하신 모든 일을 어기지 않았다고 말씀합니다.

이는 다윗이 헷 사람 우리아의 일 외에는
평생에 여호와 보시기에 정직하게 행하고
자기에게 명령하신 모든 일을 어기지 아니하였음이라
열왕기상 15장 5절

다윗은 기쁜 일이 있을 때 하나님 앞에서 춤을 추며 기쁨을 함께 나눴습니다. 반면에 죄를 지을 때도 있었습니다. 그때는 자신의 죄를 숨기지 않고 낱낱이 다 하나님께 고하고 회개함으로 하나님의 긍휼을 얻었습니다. 하나님은 쓰러진 다윗을 일으켜주시고 다시 시작할 수 있는 은혜를 베풀어주셨습니다.

당신은 안심할 수 있습니다. 당신이 다윗과 같이 하나님 앞에서 정직하고, 도우심을 구하는 것을 꺼리지 않는다면, 하나님은 언제나 당신 편이 되어주시기 때문입니다. 더러운 것은 치워주시고, 기쁜 일은 함께 즐거워하시고, 슬픔에 빠져 있을 때는 그 누구도 줄 수 없는 위로의 손길을 펼쳐주십니다. 그러므로 이제부터 당신이 할 일은 단 하나, 하나님께 비밀이 없는 삶을 사는 것입니다.

05
당신을 자녀 삼으신 하나님

우리를 자녀 삼으시는 하나님 아버지의 사랑

하나님께서 우리를 사랑하신다는 사실을 배웠습니다. 하나님은 우리를 말로만 사랑하시는 것이 아니라, 우리를 얼마나 사랑하시는지를 행함으로 보이셨습니다.

> 영접하는 자 곧 그 이름을 믿는 자들에게는
> 하나님의 자녀가 되는 권세를 주셨으니
>
> 요한복음 1장 12절

우리를 얼마나 사랑하시는지를 보이시려고 하나님은 독생자 예수 그리스도를 이 세상에 보내셨고, 누구든지 그를 믿고 구원자로 영접하면 하나님의 자녀가 되는 특권을 주셨습니다. 당신이 하나님을 믿고 하나님의 아들 예수 그리스도를 구원자로 영접하면 하나님은 당신을 '하나님의 아들' 또는 '하나님의 딸'로 삼으십니다.

지금 이 책을 읽고 있는 당신이 "나는 예수 그리스도를 믿고 나의 구주로 영접합니다"라고 고백한다면 당신은 의심할 필요 없이 하나님의 자녀입니다(이 책의 마지막 부분에 자신의 믿음을 점검해보는 질문과 예수님을 자신의 구주와 주님으로 영접하기 위한 영접기도문이 실려있습니다).

만일 아직 그 단계에 이르지 못했다면, 최대한 빨리 예수 그리스도를 구원자로 영접하여 하나님의 자녀가 되시기를 간절히 기도합니다. 겉으로는 별 차이가 없어 보이지만, 하나님의 자녀가 갖는 특권은 이 세상의 그 무엇으로도 얻을 수 없는 놀라운 것입니다.

이 질문에 대답해보시기 바랍니다.

"이 세상에서 당신을 가장 사랑하는 사람은 누구입니까?"

다른 답도 조금 있겠지만, 거의 절대다수를 차지하는 답은 정해져 있습니다. 바로 '부모'입니다. 부모들 가운데서도 자기 자식을 사랑하지 않고 학대하거나 버리는 사람들도 있지만, 누가 뭐라 해도 가장 큰 사랑을 베푸는 존재는 부모입니다.

그런데 그보다 더 위대한 사랑도 있습니다. 우리나라 그리스도인들의 자랑스러운 믿음의 선배, 손양원 목사님의 이야기입니다. 이분이 평생 소록도 애양원에서 지극한 사랑으로 나병환자들을 돌본 사실은 이미 많이 알고 있을 것입니다. 하지만 손양원 목사님이 베푼, 그보다 더 큰 최고의 사랑에 관해서는 모르는 분들이 많습니다.

나병환자의 썩어가는 환부의 고름을 입으로 빨아 뽑아낼 만큼 평생 나병환자들을 헌신적으로 돌본 일보다 더 위대한 사랑이 무엇일지 궁금하지 않습니까?

손양원 목사님에게는 사랑하는 두 아들이 있었습니다. 큰아들 손동인과 둘째 아들 손동신입니다. 1948년에 여순사건이 일어났을 때, 당시 기독교를 곱지 않은 시선으로 보던 반란군 중 한 사람이 손 목사님의 두 아들을 살해했습니다. 너무나 끔찍한 사건이었고, 손 목사님 부부는 물론 애양원의 모든 사람이 큰 충격을 받고 슬퍼했습니다. 이 일은 신문에 크게 보도될 정도로 너무나 끔찍한 사건이었습니다.

그런데 그보다 더 놀라운 일이 일어났습니다. 두 아들의 장례 예배 때 손 목사님은 두 아들을 죽인 원수 안재선을 자기 아들로 삼겠다고 선언했습니다. 손 목사님도 사람이기에 두 아들의 유품이 전달될 때 하염없이 눈물을 흘리며 울었지만, 두 아들을 살해한 살인자를 용서하고 자신의 양자로 삼은 것입니다.

저는 손 목사님의 전기를 읽으면서 그 분의 용서와 사랑을 머리로는 이해하지만 가슴으로 이해하기는 힘들겠다는 생각이 들었습니다. 그때 이런 깨달음을 얻었습니다.

'내가 예수 그리스도의 십자가 죽음으로 하나님의 자녀가 되었다는 사실을 너무 가볍게 여기고 있었구나. 독생자 예수 그리스도를 나를 위해 내어 주신 하나님의 사랑은 얼마나 위대한 것인가!'

우리가 하나님의 사랑을 받을 만한 자격이 없는 존재였다는 사실을 알면 하나님의 결정이 얼마나 대단한 것이었는지를 더욱 확실히 알게 됩니다. 죄인인 나를 구원하시기 위해 하나님은 하나님의 독생자 예수 그리스도를 내어주셨습니다. 예수님의 영원한 생명을 우리에게 내어주시고, 하나님의 영원한 생명과 사람의 유한한 생명을 맞바꾸신 것입니다. 그런데 하나님은 우리의 죄를 용서하고 우리에게 영원한 생명을 주신 것으로 그치지 않으시고, 심지어 우리를 자녀로 삼으셨습니다.

사람이 감히 하나님께 이런 요구를 할 수 있을까요? 아니, 사람이 감히 이런 일을 상상이나 할 수 있을까요? 우리가 하나님의 자녀가 된 것은 우리의 요구에 의한 것이 아닙니다. 이것은 전적으로 그분이 우리를 사랑하신 결과입니다. 왜 하나님께서 그렇게 하셨는지 우리는 감히 다 이해할 수 없습니다. 그저 이 모든 일이 하나님의 사랑에서 비롯된 일이라는 사실을 알 뿐입니다.

하나님은 자녀 된 우리를 절대로 떠나지 않으신다

또 한 가지 우리를 안심시키는 기쁜 소식이 있습니다. 우리를 자녀 삼으신 하나님은 결코 우리를 버리지 않으신다는 사실입니다. 하나님의 자녀가 스스로 하나님을 떠나는 경우는 있어도 하나님 편에서 자녀 삼으신 자를 포기하시는 일은 절대 없습니다.

예전에 TV에서 한 해외 입양자의 너무나 안타까운 사연을 담은 다큐멘터리 한 편을 본 적이 있습니다. 그 분은 한국에서 태어나자마자 부모에게 버림을 받고 외국에 입양되었는데, 그 양부모에게도 버림받아 여기저기 떠돌며 고생을 참 많이 했습니다.

그러다 친부모를 찾고 싶다는 마음이 생겨서, 그들에 대한 아무런 정보도 없었지만, 그 마음 하나로 한국에 들어왔습니다. 결국 친부모를 찾기는 했으나 뜻을 이루지는 못했습니다. 친부모가 자신들이 버린 자식을 다시 보기를 원치 않았기 때문입니다.

사람은 그렇습니다. 자식에 대한 사랑이 없어서 자식을 떠나기도 하고, 사랑한다면서도 이런저런 이유를 대며 자식을 버리는 부모가 있기도 합니다. 하지만 하나님은 분명히 말씀하십니다.

"너는 나의 자녀다. 내가 너를 선택하여 자녀로 삼았다. 그리고 나는 결코 너를 떠나지 않는다."

제가 좋아하는 찬양 중에 〈오 신실하신 주〉라는 곡이 있습니다. 하나님은 한 번도 나를 실망시킨 적이 없으시고 언제나 공평과 은혜로 나를 지키셨다고 고백하면서, 주님이 약속대로 영원토록 나를 지키실 것을 확신하는 내용의 찬양입니다. 이 곡의 가사 중에 이 신실하신 주님이 하신 약속이 바로 이것입니다.

"내 너를 떠나지도 않으리라, 내 너를 버리지도 않으리라."

그렇습니다. 하나님은 성경 말씀으로 이것을 우리에게 약속해 주셨습니다.

… 그가 친히 말씀하시기를 내가 결코 너희를 버리지 아니하고
너희를 떠나지 아니하리라 하셨느니라
히브리서 13장 5절

제가 부교역자 시절, 서울에서 청소년 사역을 하고 있을 때의 일입니다. 중간고사를 앞둔 중고등부 학생 몇몇이 교회에서 시험공부를 하겠다고 모였습니다. 교회를 다니지 않는 친구들도 몇 명 데려왔습니다.

그중 한 학생이 갑자기 영어를 좀 가르쳐달라고 부탁했습니다. 내일 영어 시험을 보는데 도무지 모르겠다는 것입니다. 아주 기초적인 내용 몇 가지를 물어보았는데 정말 아무것도 모르는 것 같았습니다. 기초부터 가르치기에는 너무 시간이 없어서 시험에 나올 것 같은 문제 몇 개를 알려주면서 이것만 외우라고 했습니다.

그다음 날 그 학생이 들뜬 모습으로 찾아왔습니다. 자기가 늘 꼴등이었는데, 드디어 자기 뒤로도 몇 명의 학생들이 있게 되었다며 뛸 듯이 기뻐했습니다. 그 학생이 그렇게 기뻐하는 모습을 보니 저도 기뻤습니다.

그러고 나서 얼마 후에 그 학생은 제게 아주 평범하지 않은 부탁을 하나 해왔습니다. 제 집에서 저와 함께 살고 싶다는 것입니다. 평생 그렇게 황당한 부탁은 처음 받아본 것 같습니다. 당황한 얼굴을 최대한 감추고 이유를 물어보니, 자신은 친구들이 있는 이 학교에 계속 다니고 싶은데 학교에서는 집 근처로 전학을 가라고 강요한다는 것입니다.

그 학생에게는 안타까운 사연이 있었습니다. 아버지가 운영하던 중소기업이 IMF 사태로 부도가 나면서 아버지가 그 충격으로 돌아가셨습니다. 큰 빚을 떠안게 되자 남은 가족은 서울에 있는 집을 팔고 의정부 외곽의 허름한 집으로 이사했는데, 설상가상으로 어머니도 큰 정신적 충격을 받아 자녀들을 돌볼 수 없는 지경에 이르렀습니다.

이 학생은 아침에 스스로 일어나서 먼 거리를 통학해야 했고, 그러다 보니 거의 매일 지각할 수밖에 없었습니다. 학교에서는 이런 상황을 방치할 수 없어서 집 근처 학교로 전학할 것을 요구한 것입니다. 너무 황당한 부탁이었지만 사정을 듣고 보니 거절할 수가 없어서 결국 제가 결혼하기 전까지 제 자취방에서 함께 살기로 했습니다.

늘 혼자 모든 것을 처리해야 했던 이 학생이 저와 함께 살게 되자 삶이 안정되기 시작했습니다. 제가 특별히 잘해준 것도 없는데 그 학생에게는 누군가가 자신과 함께 있어주는 것 자체가 큰 힘이 되는 것 같았습니다.

이 소식이 학생들 사이에 알려지기 시작했습니다. 마음이 원통하고 슬픈 사람들이 아둘람 굴에 있는 다윗을 찾아오듯이, 마음이 힘들고 의지할 곳이 없는 아이들이 찾아오기 시작했습니다. 그중에는 계모에게 학대를 당하던 고등학생도 있었습니다. 그 학생도 함께 지내게 되어 제 자취방에서 저와 두 명의 남학생이 함께 생활하였습니다.

상처받고 외로운 아이들에게 제가 해줄 수 있는 일은 딱히 없었습니다. 단지 함께 있어주는 것뿐. 그런데도 자신의 편이 되어주는 사람과 함께 있다는 사실이 아이들에게 전에 경험하지 못한 행복을 주고 있었습니다.

몇 년이 지났습니다. 한 학생은 어머니의 상태가 좋아져서 집으로 돌아갔고, 다른 학생은 취업이 되어 기숙사에 들어갔습니다. 저는 결혼하여 가정을 꾸렸습니다. 몇 년간의 동거를 마치고 하나님의 인도하심을 따라 모두 각자의 길로 가게 되었습니다.

사람은 만남이 있으면 헤어짐이 있습니다. 함께 있음으로 인해 서로에게 힘이 되어 삶을 지탱하다가 때가 되면 헤어집니다. 그러나 하나님은 한순간도 우리를 떠나지 않으십니다. 우리와 항상 함께 계십니다. 우리가 어릴 때나, 나이가 많아 천국에 갈 날이 얼마 남지 않은 때나, 언제 어디서든 한결같이 우리와 함께 계십니다.

심지어 우리가 죄 가운데 거할 때도 우리와 함께 계십니다. 우리를 향해 애통해하시며, 죄를 회개하고 하나님과의 관계를 회복하도록 우리를 이끄십니다. 우리를 두렵게 하고 고통스럽게 하는 어려운 일들을 만날 때도 하나님은 우리와 함께하시며 이렇게 약속하십니다.

두려워하지 말라 내가 너와 함께함이라
놀라지 말라 나는 네 하나님이 됨이라
내가 너를 굳세게 하리라 참으로 너를 도와주리라
참으로 나의 의로운 오른손으로 너를 붙들리라

이사야서 41장 10절

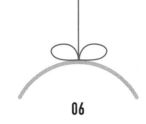

06
당신의 필요를 채워주시는 하나님

하나님은 기도에 반드시 응답하신다

하나님의 자녀가 된 우리는 이 세상에서 늘 하나님과 동행할 뿐만 아니라, 이 세상을 떠나면 천국에서 하나님과 함께 영원히 살게 됩니다. 하나님의 자녀가 되는 특권은 예수 그리스도를 구주로 영접하는 순간, 하나님이 영원히 내 편이 되시는 것입니다.

그러니 이제 당신은 안심해도 됩니다. 온 우주를 창조하시고 모든 만물을 다스리시는 하나님께서 당신 편이 되셨으니 두려운 마음을 버리고 평안한 마음으로 살아가시기를 바랍니다. 온 우주 모든 만물을 창조하신 분, 그 모든 것들을 다스리시는 분, 그 누구도 감히 대적할 수 없는 분이 당신의 아버지요, 당신 편이십니다.

하나님의 자녀인 우리에게 주어진 놀라운 특권이 또 하나 있습니다. 그것은 하나님께서 당신의 필요를 채워주신다는 사실입니다. 예수님은 이렇게 말씀하셨습니다.

내가 또 너희에게 이르노니
구하라 그러면 너희에게 주실 것이요
찾으라 그러면 찾아낼 것이요
문을 두드리라 그러면 너희에게 열릴 것이니
구하는 이마다 받을 것이요 찾는 이는 찾아낼 것이요
두드리는 이에게는 열릴 것이니라

누가복음 11장 9,10절

어떤 분들은 이렇게 반문할 것입니다.

"목사님, 제가 이 말씀을 따라 간절히 기도했지만 응답을 얻지 못했는데요?"

하나님께서 우리의 기도에 응답하지 않으시는 경우는 없습니다. 단지 어떻게 응답하셨는지를 우리가 알지 못할 뿐입니다. 기도에 대한 하나님의 응답 방식은 다양한데, 우리는 우리가 구한 대로 응답하셔야만 응답하신 것으로 생각하는 경향이 있습니다.

물론 하나님은 우리가 구한 것을 구한 그대로 응답해주기도 하십니다. '예스'(yes)의 응답입니다. 하지만 때로는 '노'(no)의 응답을 주실 때도 있습니다. 또 때로는 아직 때가 아니니 기다리라 하시며

'웨이트'(wait)의 응답을 주기도 하십니다. 마지막으로 하나님은 우리가 구한 것과 다른 것을 주기도 하십니다. 이는 '체인지'(change)의 응답입니다.

이 모든 것이 다 하나님의 응답입니다. 우리가 구한 것이 그분의 뜻에 합당하다면 '예스'로, 그것이 도리어 우리에게 독이 된다면 '노'로, 아직은 때가 아니고 더 좋은 때가 있다면 '웨이트'로, 우리가 구한 것보다 더 좋은 것을 주시려면 '체인지'로 응답하십니다. 분명한 사실은 하나님께서 어떤 응답을 주시든 우리에게 가장 좋은 것을, 가장 좋은 때에 주신다는 사실입니다.

하나님은 가장 적절히 주신다

하나님은 무조건 많이 주지도 않으십니다. 그분은 적절하게 주십니다. 아무리 좋은 것이라 해도 너무 많으면 문제가 되고, 너무 적어도 문제가 되기 때문에 하나님은 적절하게 주십니다. 잠언에는 이런 귀한 말씀이 있습니다.

혹 내가 배불러서 하나님을 모른다
여호와가 누구냐 할까 하오며
혹 내가 가난하여 도둑질하고

내 하나님의 이름을 욕되게 할까

두려워함이니이다

잠언 30장 9절

제가 교육전도사로 사역할 때의 일입니다. 규모가 작은 교회에서 사역하다 보니 이래저래 부족한 것이 많았습니다. 하고 싶은 사역들은 많았지만 재정적으로는 늘 쪼들렸습니다.

한 번은 여름수련회를 준비하는데 회비를 내지 못하는 학생들이 꽤 있었습니다. 대부분 부모가 교회에 다니지 않는 가정의 자녀들이었습니다. 교회에 나오는 것만으로도 고마운 학생들에게 회비를 내라고 말하는 것이 너무 미안했습니다. 부모가 반대하지 않고 수련회에 보내주는 것만도 대단한 일이라고 생각했습니다. 하지만 교회의 재정 상황도 넉넉하지 못하다 보니 그 아이들을 위한 재정 지원에는 한계가 있었습니다.

그 사정을 알고 성도님들이 개인적으로 지원해주기도 하셨고, 저도 아르바이트를 하며 모을 수 있는 만큼 최대한 모았습니다. 더 이상 모을 수 없는 상황 가운데 계산을 해보니 필요한 경비에 딱 4만 원이 부족했습니다.

"하나님, 최선을 다해 모았는데 4만 원이 부족합니다. 딱 4만 원만 채워주세요."

그렇게 하나님께 간절히 기도하고 계속 수련회를 준비하고 있
는데 한 집사님이 교회 문을 열고 들어오시더니 제게 봉투 하나를
내밀면서 "목사님, 너무 적어서 부끄럽지만, 수련회 비용에 보태서
사용해주세요"라고 말했습니다.

감사 인사를 드리며 그 봉투를 받아서 서랍에 넣어두고 다시 분
주히 수련회를 준비했습니다. 일을 마치고 나서, 그 집사님이 주신
봉투가 생각나 서랍에서 꺼냈는데 봉투를 열어보고는 저도 모르게
웃음이 났습니다.

그 안에는 만 원권 지폐 네 장이 들어 있었습니다. 더도 덜도 아
니고 제가 기도한 딱 그만큼이 들어 있었던 것입니다. 제가 웃은
것은 액수가 적어서도 아니고 많아서도 아닙니다. 하나님께서 제
가 필요했던 만큼, 제가 기도한 만큼, 딱 그만큼을 주셨다는 사실
이 너무 신기했기 때문입니다.

하나님은 가장 좋은 것을 주신다

이처럼 하나님은 우리가 기도한 그대로 주기도 하시지만, 때때
로 내가 간구한 것과는 다른 것들, 때로는 우리가 원치 않는 것을
주기도 하십니다. 심지어 내게 주어지지 않기를 간절히 바라는 것
들, 예를 들면 고난, 역경, 실패, 질병, 가난, 관계의 어려움 등을 주

기도 하십니다.

이런 것들을 좋아할 사람은 없습니다. 그러나 진정한 믿음의 사람들은 이렇게 고백합니다.

"내가 보기에는 좋지 않을지라도, 하나님께서 주신 것이라면 분명히 좋은 것이다."

내게 좋을 줄 알았던 것들이 나중에 가서 보니 좋지 않았던 적이 얼마나 많습니까? 정말 나에게 좋은 것이라고 생각했는데 때로는 그것 때문에 후회하기도 하고, 고통을 당하기도 합니다. 반대로 당시에는 나를 너무나 고통스럽게 했던 것들인데, 지나고 보니 그것 때문에 오늘 감사할 수 있는 것들도 있습니다.

사람은 바로 자기 눈앞에 있는 것만 봅니다. 그것이 장차 어떤 결과를 가져올지는 전혀 알지 못한 채, 그저 지금 내 입에 달면 좋은 것으로 압니다. 하지만 하나님은 다르십니다. 지금 당장 내게 고통스러운 것이라 할지라도, 결국 우리에게 가장 좋은 것을 우리에게 가장 좋은 때에 주십니다.

단 것을 좋아하는 자녀가 그것을 원한다고 해서 계속 사탕과 초콜릿만 주는 부모는 없을 것입니다. 그런 부모가 있다면 자녀를 사랑하는 것이 아니라 학대하는 것입니다. 또한 자녀를 사랑한다고 매번 회초리만 드는 부모가 있다면, 그도 자녀를 정말 사랑하는 것이 아닙니다. 진정 자녀를 사랑하는 부모라면 칭찬이 필요할 때는 칭찬을, 책망이 필요할 때는 책망을 해야 합니다. 단 것이 필요할 때는 단 것을, 쓴 것이 필요할 때는 쓴 것을 주어야 합니다.

자녀가 구한 그대로 주어야 할 때가 있고, 자녀가 구한 것을 주지 말아야 할 때가 있습니다. 그뿐만 아니라 주는 시점도 중요합니다. 자녀가 원하는 것을 주더라도, 지금 당장 주는 것이 시기상 좋지 않다면 기다리게 했다가 가장 좋을 때 줄 것입니다.

사람인 부모라 할지라도 이 정도의 지혜는 가지고 있습니다. 그런데 모든 지혜의 원천이신 하나님, 우리 자신보다 우리를 더 잘 아시고 더 사랑하시는 하나님께서 우리에게 가장 좋은 것을 가장 좋은 때에 주지 않으시겠습니까!

그러므로 우리 모두 이 사실을 마음에 꼭 새겨둡시다.

"하나님은 내가 원하는 것을 그대로 주시는 분이 아니다.

하나님은 나에게 가장 좋은 것을 가장 좋은 때에 주시는 분,

나를 가장 잘 아시고 나를 가장 사랑하시는 분이다."

공부를 마치며 점검해봅시다

• 하나님은 존재하시는 분입니다. 사람이 존재하시는 하나님을 믿을 때 어떤 변화들이 일어납니까?

• 하나님의 본질이 사랑이라는 사실은 당신에게 어떤 위로와 힘을 줍니까?

PART 2

성자
하나님

읽기 전에 생각해봅시다

- 당신은 예수 그리스도를 어떤 분이시라고 생각하십니까? 아주 단순한
답도 좋으니 당신이 생각하는 예수 그리스도에 대해 기록해봅시다.

- 예수 그리스도의 십자가가 당신에게는 어떤 의미로 와 닿습니까? 예수
님은 왜 십자가를 지셔야 했는지 그 이유를 생각해봅시다.

07
예수 그리스도 :
나의 구원자, 나의 주님

하나님이 램프의 요정?

설화집 《아라비안 나이트》(千一夜話) 중 〈알라딘과 마법의 램프〉라는 이야기에는 램프의 요정 지니가 등장합니다. 램프 속에 갇힌 지니는 램프를 문질러서 자신을 꺼내준 사람의 세 가지 소원을 무조건 이뤄주어야 합니다. 설령 그 사람을 망치는 소원이라 할지라도 반드시 들어주어야 합니다.

그러니 모든 사람이 지니가 갇혀 있는 램프를 손에 넣고 싶어 합니다. 사람들은 자기가 원하는 일들이 이루어졌을 때 어떤 결과가 나타날지 깊이 생각하지 않습니다. 그저 원하는 것이 이루어지면 그만입니다.

많은 그리스도인이, 심지어 교회를 꽤 오래 다니고 기도를 열심히 하는 분들 가운데서도 하나님께 기도하는 것을 램프의 요정 지니에게 소원을 말하는 것과 비슷하게 생각하는 경우가 있습니다. 그것은 잘못된 것입니다. 하나님은 우리가 기도한 내용을 무조건 들어주시는 분이 아닙니다. 하나님은 그것이 우리에게 얼마나 위험한 일인지를 잘 아십니다.

사실 우리도 그 사실을 어느 정도는 알고 있지 않습니까? 과거를 한번 돌아보기를 바랍니다. 그때 내가 그토록 바라고 원했던 일들이 그대로 이루어졌다면 지금 어떨까요? 그중에는 정말 그랬으면 큰일 날뻔한 아찔한 일들도 있을 겁니다. 그때 내가 원하는 대로 되지 않아서 다행이라며 가슴을 쓸어내릴 만한 일들도 분명히 있을 것입니다.

그러나 하나님은 우리와 다르십니다. 하나님은 우리의 과거와 현재뿐만 아니라 미래에 이르기까지 모든 것을 다 아시기에, 설령 우리가 다 이해하지 못할지라도 우리를 가장 좋은 길로 인도하시고 또한 우리에게 가장 좋은 것을 주시는 분입니다.

하나님이 가장 회복하기를 원하시는 것

이제 그 반대의 상황을 생각해봅시다. 우리에게 가장 나쁜 것은 무엇일까요? 사람에게 가장 나쁜 소식은 모든 사람은 결국 다 죽는다는 사실입니다. 우리는 이 세상에 태어나 한 번도 죽어본 적이 없지만, 우리도 결국에는 죽는다는 사실을 알고 있습니다. 그렇다면 이 최악의 상황에 이르게 된 이유는 무엇일까요? 성경은 그 이유를 이렇게 말씀합니다.

> 욕심이 잉태한즉 죄를 낳고 죄가 장성한즉 사망을 낳느니라
> 야고보서 1장 15절

성경은 죽음의 원인은 죄이며, 죄는 욕심에서 비롯된다는 사실을 알려줍니다. 죽음과 죄, 그리고 욕심은 서로 연결됩니다. 욕심 없는 사람은 없습니다. 정도의 차이가 있을 뿐 모든 사람에게는 욕심이 있습니다. 그리고 욕심은 반드시 죄로 이어집니다. 죄는 사람을 영원한 심판과 사망으로 이끌고 갑니다.

이 끔찍한 길에서 벗어날 수 있는 사람은 아무도 없습니다. 이 길에서 벗어나려면 죄가 없어야 하고, 죄가 없기 위해서는 욕심이 없어야 하는데, 우리 가운데 과연 그런 사람이 단 한 사람이라도 있을까요? 결국 욕심과 죄 때문에, 하나님의 최고 걸작품으로 창조된 사람이 이제는 가장 비참한 상태에 놓이게 되었습니다.

하나님은 이 일을 견디실 수가 없었습니다. 하나님에게 최고의 기쁨이었던 사람이 이제는 최고의 슬픔이 되었습니다. 우리가 감히 하나님의 그 슬프고 고통스러운 마음을 다 헤아릴 수 있을까요?

그나마 우리가 하나님의 마음을 약간이나마 깨달을 경우가 있다면 그것은 부모와 자식 사이의 관계를 통해서일 것입니다. 부모와 자녀의 관계는 피조물의 세계에 존재하는 그 어떤 관계보다 가깝고 깊습니다. 그래서 부모와 자녀 사이에 갈등이 생기면 더더욱 괴로운 것입니다. 어느 한쪽이 잘못해 생긴 문제라 해도, 양쪽 다 괴로울 수밖에 없습니다.

자녀에게 가장 고통스러운 순간은 언제일까요? 부모가 자녀를 버릴 때입니다. 그렇다면 부모는 어떨까요? 최근 사회적 문제로 대두되는, 자녀가 부모를 학대하는 일일까요? 아닙니다. 자녀의 언어폭력과 신체에 가하는 폭력보다 부모의 마음을 더욱 아프게 하는 일은 자녀가 부모에게 "이제 부모와 자식 간의 연을 끊겠다"라고 선언하는 것입니다.

놀랍게도 자녀로서 가장 고통스러운 순간과 부모로서 가장 고통스러운 순간이 일치합니다. 부모와 자녀 사이의 관계가 단절되는 것이 양쪽 모두에게 가장 괴롭고 힘든 일입니다.

이제 시선을 하나님을 향해 돌려보겠습니다. 하나님의 마음이 가장 고통스러우실 때는 언제일까요? 답은 이미 나왔습니다. 사람이 하나님과의 관계를 단절할 때입니다. 피조물들 가운데 가장 소중한 존재인 사람이 더는 하나님을 하나님으로 섬기지 않기로 했을 때, 하나님 섬기기를 거부한 그것이 바로 죄입니다.

그 죄로 말미암아 하나님과 사람 사이의 친밀한 관계가 끊어지는 것보다 더 하나님의 마음을 슬프게 하는 일은 없습니다. 그래서 하나님은 자신의 가장 소중한 것을 내어주고서라도 사람과의 관계를 회복하기를 원하셨습니다.

최고의 선물을 받는 예의

이 책의 제목은 《가장 귀한 선물》입니다. 제목을 이렇게 붙인 것은 우리의 구원이 우리의 노력으로 이루어진 것이 아니라 하나님의 전적인 은혜로 된 것, 곧 하나님의 선물이기 때문입니다. 우리가 구원받은 것, 그래서 하나님과의 관계가 회복되고 영원한 생명을 얻게 된 것, 이 모두가 전적으로 하나님의 선물입니다.

이 모든 선물은 하나님의 독생자 예수 그리스도를 통해 우리에게 주어졌습니다. 우리가 한 일은 없습니다. 우리는 어떤 대가도 치르지 않았습니다. 그러므로 우리가 얻은 구원은 하나님의 선물입니다.

그런데 아직도 이 세상에는 구원을 얻기 위해서는 그에 합당한 대가를 지불해야 한다고 생각하는 사람들이 많습니다. 그런 분들에게 묻고 싶습니다. "당신은 구원의 대가로 하나님께 무엇을 얼마나 드릴 수 있습니까?"라고요.

임종을 앞둔 아버지 앞에 자녀들이 모였습니다. 아버지는 평생 소중하게 간직해온 가장 귀한 보물을 자녀들에게 남겨주려고 입을 열었습니다.

"사랑하는 내 자녀들아, 내가 이 세상을 떠날 시간이 얼마 남지 않았구나. 이제 나의 가장 소중한 보물을 너희들에게 물려줄 때가 된 것 같다."

아버지가 마지막 힘을 다해 그 소중한 보물을 자녀들에게 건네려는 그때, 첫째가 갑자기 주머니에서 지갑을 꺼내더니 이렇게 말합니다.

"아버지, 이 귀한 보물을 공짜로 받을 수는 없습니다. 제가 값을 치러드리겠습니다. 얼마면 됩니까?"

이어서 둘째가 말합니다.

"아버지, 저도 값을 치르겠습니다. 하지만 저는 형만큼 부자는 아니니 30퍼센트만 깎아주세요."

지어낸 이야기입니다만, 정말 이런 일이 있다면 임종을 앞둔 아버지는 어이가 없어서 편안히 눈을 감지 못할 것입니다.

누구든 자신에게 가장 소중한 것은 가장 사랑하는 사람에게 주는 게 당연합니다. 또한 그 선물을 받는 사람은 감사하는 마음으로 받아들이는 게 최고의 예의입니다.

하나님께서 우리에게 주신 가장 귀한 선물도 마찬가지입니다.

우리가 그 선물에 어떻게 가치를 매기고 그 값을 드릴 수 있겠습니까? 하나님께서 우리에게 은혜로 주시는 그 가장 귀한 선물은 그저 감사하는 마음으로 받으면 됩니다. 그것이 바로 믿음이며, 하나님에 대한 최고의 예의입니다.

하나님께서 우리에게 주신 가장 귀한 선물이 우리에게 어떻게 주어졌는지 이제부터 살펴볼 것입니다. 그 가장 귀한 선물에 대해 성경은 이렇게 말씀합니다.

하나님이 세상을 이처럼 사랑하사 독생자를 주셨으니
이는 그를 믿는 자마다 멸망하지 않고 영생을 얻게 하려 하심이라
하나님이 그 아들을 세상에 보내신 것은
세상을 심판하려 하심이 아니요
그로 말미암아 세상이 구원을 받게 하려 하심이라

요한복음 3장 16,17절

08
성육신 :
우리의 대표자가 되신 하나님

눈으로 볼 수 있는 하나님?

'하나님을 내 눈으로 볼 수 있다면 얼마나 좋을까?'

누구나 한 번쯤 이런 생각을 한 적이 있을 것입니다. 하나님을 눈으로 볼 수 있다면 하나님을 더 잘 믿을 수 있을 것 같고, 믿지 않는 사람들에게 전도도 더 잘할 수 있을 것 같다는 생각이 듭니다. 아니, 하나님을 눈으로 볼 수 있는데 그분의 존재를 믿지 않는 사람이 있다면 그것이야말로 이상한 일일 것입니다.

하지만 하나님을 눈으로 보고 싶다는 꿈은 내려놓는 것이 좋습니다. 하나님은 영이시기 때문에 사람의 눈으로 볼 수 없습니다. 하나님은 우리에게 이런 한계가 있음을 아시고 우리에게 눈으로 볼 수 있는 하나님을 보내주기로 하셨습니다. 우리의 눈높이에 맞추어 그분 자신을 드러내기로 하신 것입니다.

우리 눈으로 볼 수 있고 손으로 만질 수 있도록 이 세상에 오신 하나님, 그분이 바로 하나님의 아들, 곧 성자 하나님이신 예수 그리스도이십니다.

본래 하나님을 본 사람이 없으되
아버지 품속에 있는 독생하신 하나님이 나타내셨느니라
요한복음 1장 18절

그런데 성자 하나님이신 예수 그리스도께서 사람의 눈에 보이고 손에 만져지는 존재로 이 세상에 오셨는데도 사람들은 예수님을 하나님으로 맞아들이지 않았습니다. 하나님을 눈으로 볼 수 있으면 좋겠다고 생각한 사람들이 정작 하나님을 눈으로 보면서도 믿지 않은 것입니다.

예수님은 이 세상에 오셔서 하나님의 능력을 수없이 보이셨고, 사람들은 눈으로 똑똑히 보고 몸으로 경험했습니다. 또한 예수님은 율법의 주인으로서 율법이 지닌 본래의 의미를 설명해주셨고, 그 말씀을 들은 사람들은 탄복하며 "이러한 말씀은 사람이 할 수 없고 오직 하나님만이 하실 수 있는 것"이라고 고백했습니다.

예수님은 수많은 병자를 고쳐주시고, 귀신들을 쫓아내셨으며, 자연을 다스리시고, 천국 복음을 전하셨습니다. 사람들은 직접 눈으로 보고, 귀로 듣고, 몸으로 경험했지만 결국 예수님을 십자가에 매달아 죽이라고 소리쳤습니다. 그들은 자신들의 욕심에 반응하지 않는 예수님을 원치 않았던 것입니다.

물론 모든 사람이 다 그랬던 것은 아닙니다. 어떤 이들은 예수님을 하나님으로 고백하고 구주로 영접했으며, 그들은 구원을 받았습니다. 유대인 중에서만이 아니라 이방인 중에서도 예수 그리스도를 구주로 영접하고 구원받은 자들이 있었습니다.

하지만 그보다 훨씬 많은 사람이 예수님을 거부하고 배척했습니다. 심지어 죽이기 위해 음모를 꾸몄습니다. 하나님을 볼 수 없어서 하나님을 믿지 않는 줄 알았는데, 하나님을 보고서도 믿지 않았습니다. 이 사실을 통해 우리는 분명히 알 수 있습니다. 구원은 눈으로 보고 얻는 것이 아니라 믿음으로 얻는 것입니다.

당신은 예수 그리스도가 하나님의 아들이심을 믿습니까?
당신은 예수 그리스도가 구원자이심을 믿습니까?
당신은 예수 그리스도가 하나님이심을 믿습니까?

이 질문들에 대해 "예, 믿습니다!"라고 대답한다면 당신은 구원받은 하나님의 자녀입니다. 하나님을 눈으로 보지 못하고 예수님의 음성을 듣지도 못했지만, 오직 믿음으로 예수 그리스도를 구주로 영접하면 구원받은 하나님의 자녀가 되는 것입니다.

이제 이 세상 그 누구도 당신이 하나님의 자녀가 아니라고 말할 수 없고, 당신이 구원을 받지 못했다고 말할 수 없습니다. 그 누구도, 그 무엇도 당신이 하나님의 자녀임을 부인하거나 취소할 수 없습니다. 왜냐하면 하나님께서 당신을 자녀 삼으셨기 때문입니다.

왜 굳이 사람이 되셔야만 했을까

예수 그리스도는 우리와 똑같은 몸을 가지고 이 세상에 오신 하나님이십니다. 예수님이 왜 사람의 몸으로 이 세상에 오셨는지 이해하기 힘들어하는 사람도 있을 것입니다.

차라리 천사의 형체로 오시거나, 사람과 다른 뭔가 특별한 모습으로 이 세상에 오셨다면 사람들이 예수님을 함부로 대하지 못했을 텐데, 왜 예수님은 사람의 형체로 이 세상에 오셨을까요? 더 정확히 말하자면 예수님은 왜 사람이 되셨을까요?

이에 대해 성경은 이렇게 말씀합니다.

너희 안에 이 마음을 품으라 곧 그리스도 예수의 마음이니

그는 근본 하나님의 본체시나

하나님과 동등됨을 취할 것으로 여기지 아니하시고

오히려 자기를 비워 종의 형체를 가지사 사람들과 같이 되셨고

사람의 모양으로 나타나사 자기를 낮추시고

죽기까지 복종하셨으니 곧 십자가에 죽으심이라

빌립보서 2장 5-8절

예수님은 우리를 구원하시려고 이 세상에 종의 모습으로 오신 하나님이십니다. '종의 형체'라는 것은 하나님과 사람 사이의 본질적인 차이를 의미합니다. 사실 '종의 형체'라는 표현도 예수님의 낮아지심과 성육신을 설명하기에는 역부족입니다. 그럼에도 종의 형체라고 표현한 이유는 엄청난 신분 차이를 설명하기 위해서입니다.

고대 사회에서 자유인과 종은 신분에 엄청난 차이가 납니다. 자유인인 주인이 자신의 소유인 종을 죽여도 별문제가 되지 않았습니다. 그런 고대 사회에서 스스로 종이 된다는 것은 생각할 수도 없는 일입니다.

그런데 그렇다고 해도 자유인인 주인과 그의 소유인 종은 본질적으로 둘 다 사람입니다. 본질상 하나님이신 예수님이 사람이 되신 것은 도무지 무엇과도 비교할 수 없이 자신을 낮추신 일입니다. 우리가 무엇을 상상한다 해도 예수님의 낮아지심을 온전히 이해할 수가 없습니다. 유한한 수와 무한한 수를 비교할 수 없듯이 사람과

하나님을 비교할 수는 없습니다.

그렇다면 왜 예수님은 우리가 감히 상상할 수도 없는 낮아지심으로 이 세상에 오셨을까요? 예수님이 사람이 되신 것은 우리의 대표자가 되시기 위해서입니다. 예수님은 우리의 대표자가 되셔서 우리가 할 수 없는 일을 대신 이루셨습니다.

우리가 할 수 없는 그 일이란 바로 우리의 죄 문제를 해결하는 것입니다. 우리는 죄 문제를 스스로 해결할 수 없습니다. 우리가 죄보다 강하다면 별문제가 없겠지만, 우리는 죄보다 약합니다. 죄보다 강한 사람은 존재하지 않습니다.

하지만 예수님은 다르십니다. 죄보다 강하시고, 죄의 결과인 사망의 권세보다 강하십니다. 그리고 죄와 사망의 권세를 틈타서 우리를 시험하는 사탄보다 강하십니다. 그러므로 예수님은 우리가 할 수 없는 일, 곧 죄와 사망의 문제를 해결할 수 있는 분이시고, 그 일을 이루려고 이 세상에 오셨습니다.

하나님이 그냥 용서해주시면 되지 않을까?

이런 생각이 들 수도 있습니다. 하나님께서 사람의 죄 문제를 해결하기를 원하신다면, 굳이 예수 그리스도를 이 세상에 보내실 필요 없이 "너희의 죄를 사하노라. 또한 너희를 죽지 않고 영원히 살도록 해주겠노라" 이렇게 말씀하시면 되지 않을까요? 하나님은 무엇이든 하실 수 있으니까 아주 간단히 해결하실 수 있지 않을까요?

그러나 이런 생각은 아주 중요한 한 가지 사실을 간과한 것입니다. 하나님은 공의(公義)의 하나님이시라는 사실 말입니다.

우리는 앞서 하나님은 사랑이시라고 배웠습니다. 그렇습니다. 하나님은 사랑이십니다. 그런데 하나님의 사랑은 무질서한 사랑이 아니라 공의로운 사랑입니다. 하나님의 사랑은 언제나 의로우며, 공의를 잃지 않습니다.

공의란 무엇일까요? 아주 간단합니다. 공의는 '옳은 것'입니다. 그 옳음의 기준은 누가 세웁니까? 유일한 절대선(絶對善)이신 하나님께서 세우십니다. 심판자이신 하나님께서 심판의 잣대까지 정하시는 것은 불공정하다고 생각할 수도 있습니다. 우리나라의 경우 이런 불공정을 막기 위해 입법부와 사법부와 행정부가 독립적으로 존재합니다.

하지만 의심하거나 우려할 필요가 없습니다. 아니, 오히려 다행이라고 생각해야 합니다. 하나님보다 더 공의로운 존재는 없으며, 더 정확히 말하면 하나님만이 온전한 공의의 존재이시기 때문입니다. 하나님께서 정하신 공의의 내용은 아주 간단하고 단순합니다.

"죄는 벌을 받고, 의는 상을 받는다."

하나님의 공의에 따르면 죄를 지은 사람은 벌을 받아야 합니다.

죄에는 반드시 응당한 대가가 따릅니다. 그리고 그 대가는 영원한 죽음입니다. 이 죽음은 단순히 몸의 죽음만을 의미하지 않습니다. 영원한 죽음은 하나님과의 관계가 영원히 단절되는 것을 의미합니다. 사람이 판단하기에 아무리 작은 죄라 할지라도 죄는 하나님과의 관계를 단절시킵니다.

예수님이 우리와 똑같은 몸을 가지고 이 세상에 오신 이유는 우리의 대표자가 되셔서 이 영원한 문제를 해결하고자 하셨기 때문입니다. 그렇다면 예수님은 어떤 방식으로 우리의 죗값을 대신 치르셨을까요? 바로 십자가의 죽음입니다. 우리가 치러야 할 죄의 대가를 예수님이 십자가에서 죽으심으로 대신 치르셨습니다.

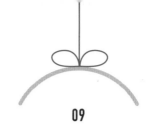

09
십자가 : 하나님의 공의와 사랑

십자가, 공의의 완성

기독교를 공격하는 날카로운 질문들 가운데 우리를 가장 곤혹스럽게 하는 질문은 아마도 이것일 것입니다.

"하나님이 존재하신다면 이 세상에 왜 이렇게 악한 일들이 많으며, 심지어 악인들이 더 형통하게 잘 삽니까?"

이런 질문을 받은 적이 있거나, 스스로 이런 질문을 해본 적이 있을 것입니다. 그럴 때 뭐라고 대답해야 할까요? 저는 이렇게 대답합니다.

"만일 하나님께서 죄인들을 즉각 심판하셨다면 당신도 나도 지금 존재하지 않을 것입니다."

하나님이 존재하시면 이 세상에 왜 악이 존재하고, 악인이 형통하느냐는 질문 속에 자기 자신이 포함된다는 사실은 알지 못하고 하나님을 비방하기에 열을 올리는 사람들을 보면 참으로 안타깝습니다.

사람들은 자기 눈에 있는 들보는 보지 않고, 다른 사람의 눈에 있는 티끌만 지적합니다. 내 죄와 허물에 대해서는 너그럽고 다른 사람들의 죄와 허물에 대해서는 날카롭습니다. 자신은 공의로운 것처럼 "하나님이 계신다면 왜 악인들이 저렇게 활개 치도록 내버려 두시는가!" 하고 분노하지만, 정작 자신도 죄를 범하고 있습니다. 그런데도 자기 자신의 죄에 대해서는 충분히 분노하지 않습니다. 이것이 의롭지 못한 사람의 모습입니다.

그러나 하나님의 공의는 완전한 공의입니다. 그래서 단 한 순간의 불의도 하나님 앞에서는 반드시 그 대가를 치러야 하는 죄가 되는 것입니다. 하나님께서 예민하고 괴팍한 분이시기 때문이 아니라, 완전한 공의의 하나님이시기 때문입니다. 그래서 어떤 죄도 그냥 넘기지 않으십니다. 모든 죄는 크든 작든 반드시 그 대가를 치러야 하는 것이 하나님의 법입니다.

이러한 하나님의 공의와 심판, 그리고 죄의 형벌에 대해서 정확히 안다면 우리는 두려워 떨 수밖에 없습니다. 하나님을 믿지 않는 사람들도 본능적으로 죄와 그 형벌에 대한 두려움을 가지고 있습니다.

그러나 죄와 사망의 권세가 강한 이 세상에 하나님의 사랑은 더 크게 나타났습니다. 두려워 떠는 사람들에게 복음이 선포되었습니다. 사람이 도무지 해결할 수 없는 이 문제를 하나님께서 해결하기로 하신 것입니다. 하나님께서 최고의 사랑으로 공의를 완성하신 일, 그것이 바로 예수 그리스도의 십자가입니다.

십자가, 희생의 사랑

누군가 당신에게 죄를 지었다면 당신은 어떤 반응을 보일까요? 내 잘못이 아니라 그 사람의 죄 때문에 내 삶에 문제가 생겼다면 당연히 억울하겠지요. 억울한 마음은 자연스럽게 그 사람에 대한 원망으로 발전할 것입니다. 그 원망은 또 미움이라는 꽃을 피울 테고, 미움은 증오라는 열매를 맺을 것입니다. 이 증오라는 열매는 가해자와 피해자의 삶을 모두 파괴합니다.

하나님과 사람의 관계에서는 어떨까요? 하나님은 최초의 사람이자 인류의 대표자인 아담과 언약을 맺으셨습니다. 하나님은 사람에게 생명을 주시고, 하나님의 대리통치자로 만물을 다스리게 하셨습니다. 이 언약 관계에서 사람에게 주어진 의무는 하나님의 뜻에 순종하는 것, 단 하나입니다.

언약 관계에 있던 하나님과 사람 사이에서 언약을 깨뜨린 쪽은 사람이었습니다. 사람이 죄를 지음으로 언약을 깨뜨렸으니 가해자이고, 하나님이 피해자이십니다. 그러니 피해자인 하나님이 억울해하며 원망을 쏟아내신다 해도, 미움의 감정이 생기더니 점점 커져 증오심으로 사람을 징벌하신다 해도 사람은 할 말이 없습니다. 죄를 짓고 언약을 깨뜨린 것은 사람이기 때문입니다.

하지만 하나님은 그렇게 하지 않으셨습니다. 하나님은 참으로 놀라운 분이십니다. 사람에게 그렇게 큰 배신을 당하시고도 먼저 회복의 손을 내밀어 주셨습니다. 죄를 지은 사람이 회개하고 돌아서기도 전에, 자신의 죄 문제를 스스로 해결할 수 없는 사람을 불쌍히 여기셔서 그 문제를 해결하기 위해 긍휼과 자비의 손길을 먼저 내미신 것입니다.

하나님께서 먼저 내미신 사랑의 손길이 바로 예수 그리스도의 십자가입니다. 예수 그리스도의 십자가는 희생(犧牲)의 사랑입니다. 사람이 자신의 죄에 대한 형벌을 받기 위해 십자가에 달려 죽었다면 그것은 희생이 아닙니다.

희생이란 마땅히 그렇게 할 필요가 없음에도 스스로 다른 이를 위해 자신의 소중한 것을 내어놓는 것을 말합니다. 다른 사람들을 살리기 위해 생명을 바친 이의 죽음을 희생의 죽음이라고 말합니다. 그리고 그런 죽음 앞에서 우리는 숙연해지며 존경하는 마음을 갖게 됩니다.

제가 다닌 고등학교의 운동장에는 한 군인의 동상이 있습니다.

제 동문 선배인 그 군인은 부하 병사들과 훈련 중 누군가의 실수로 수류탄이 떨어지자 그 위로 몸을 날려 자신의 생명을 내어놓음으로써 수많은 병사의 생명을 구했습니다. 그를 지금까지 기념하는 것은 그의 죽음이 여러 사람의 생명을 구한 숭고한 희생이었기 때문입니다.

하지만 그런 숭고한 죽음도 온전한 희생이라고 말할 수는 없습니다. 사람의 모든 죽음은 그 본질이 죄의 결과이기 때문입니다. 이런 차원에서 볼 때, 사람의 죽음은 다른 죽음보다 더 희생적일 수는 있지만 온전한 희생이라고 말할 수는 없습니다.

이 세상에서 발생한 죽음 가운데 온전한 희생이라고 말할 수 있는 죽음은 단 한 번 있었습니다. 그 죽음은 바로 2천 년 전 십자가에 달리신 예수 그리스도의 죽음입니다. 이 세상에서 죽음을 경험한 존재 가운데 죄 없이 죽은 존재는 오직 예수 그리스도 한 분뿐입니다. 이처럼 예수님의 십자가 죽음은 완전한 희생입니다.

희생에는 목적이 있기 마련입니다. 예수님이 희생하신 목적은 무엇일까요? 그것은 모든 인류의 죗값을 대신 갚고, 모든 사람을 구원하시는 것입니다. 그 목적대로, 우리는 예수 그리스도의 그 희생의 죽음으로 죄 사함을 받고 구원을 얻게 되었습니다.

십자가, 헌신의 사랑

예수님의 십자가 죽음에는 또 하나의 의미가 있습니다. 십자가 죽음에 담긴 예수님의 사랑은 헌신(獻身)의 사랑입니다. 헌신이란 '몸과 마음을 온전히 바쳐 있는 힘을 다하는 것'을 의미합니다.

희생이 '그렇게 할 필요가 없음에도 다른 이를 위하여 나를 기꺼이 내놓는 것'이라면, 헌신은 '하나도 빠짐없이 온전히 다 바치는 것'을 의미합니다. 예수님은 십자가에서 예수님의 모든 것을 다 바치셨고, 그렇기에 십자가에서 이렇게 말씀하실 수 있으셨습니다.

"다 이루었다."

예수님은 이 말씀을 하시고 돌아가셨습니다(요 19:30). "다 이루었다"라는 말씀은 예수님의 십자가 고난과 죽음이 우연히 발생한 일이 아니라는 사실을 알게 해줍니다. 예수님은 십자가의 고난과 죽음이 있을 것을 아셨을 뿐만 아니라, 그 잔을 피하지 않고 받으심으로 그 목적을 이루셨습니다.

예수님의 죽음은 '처음부터 그럴 의도는 아니었는데 어쩌다 보니 그렇게 된' 일이 아닙니다. 예수님은 사람들에게 등 떠밀려서 십자가에 달리신 것도 아니며, 그분을 음해하는 악한 자들의 계략을 미처 눈치채지 못해서 허망하게 당하신 것도 아닙니다.

만일 예수님의 십자가 죽음이 의도하지 않은 일이거나, 또는 그렇게 될 줄 모른 채 갑자기 당한 일이라면 예수님의 죽음은 헌신의 죽음이 아닐 것입니다. 그러나 예수님은 이 모든 일이 일어날 것을 아시면서도 그 길을 가셨습니다. 더 정확히 말하자면, 예수님은 십자가에 달려 죽기 위해 이 땅에 오신 것입니다. 이 세상의 모든 사람이 살기 위해서 태어나는데, 예수님은 죽기 위해서 이 세상에 오셨습니다.

그러므로 예수님의 십자가를 한마디로 표현하면 그것은 '오롯이' 내어주신 사랑이라고 말할 수 있습니다. '오롯이'라는 말의 뜻은 '모자람 없이 온전하게'입니다. 꼭 기억하시기 바랍니다. 당신을 향한 예수 그리스도의 십자가 사랑은 적당히 베푸신 사랑이 아니라, 모자람 없이 온전히 다 내어주신 사랑입니다.

일에는 본업과 부업이 있습니다. 그 둘의 차이는 어느 정도로 힘을 쏟아붓느냐에 있습니다. 본업은 자신의 모든 힘을 쏟아부어서 하는 일입니다. 반면에 부업은 잘 되면 좋고 안 되면 접는다는 마음으로 하는 일입니다. 그러다 보니 부업에 대해서는 상대적으로 부담감을 덜 느낍니다.

예수님에게 있어서 십자가에 달려 돌아가시는 일은 본업일까요, 아니면 부업일까요? 예수님의 십자가 사역은 이 구분을 넘어섭니다. 그래서 다른 용어가 필요합니다. 예수님에게 십자가 사역은 사명(使命)입니다. 사명은 대가가 주어지지 않아도 반드시 이루어야 할 최고로 가치 있는 일을 말합니다.

부업은 해도 되고 안 해도 되는 일이고 본업은 반드시 해야 하는 일입니다. 하지만 본업이 아무리 중요하다 해도, 본업을 잘하려고 애쓰다가 죽는다면 사람들은 이렇게 말할 것입니다.

"적당히 하지. 다 먹고살려고 하는 일인데 목숨까지 걸 필요가 있을까?"

맞습니다. 아무리 본업이 중요해도 다 살자고 하는 일인데 목숨까지 걸 필요는 없습니다. 하지만 사명은 다릅니다. 사명은 목숨을 바쳐 이루어야 할 일입니다. 초대 교회 때부터 지금까지 수많은 성도들이 순교를 택했습니다. 그들에게 믿음을 지키는 일은 사명이었기 때문입니다.

예수님은 우리를 죄와 사망의 권세에서 구원하는 일을 '잘되면 좋고 안되면 어쩔 수 없는 일'로 여기지 않으셨습니다. 그 일을 사명으로 여기셨고, 그래서 자기 목숨을 우리에게 '오롯이' 내어주신 것입니다.

예수님은 우리를 오롯이 사랑하셔서 자신의 모든 것을 오롯이 내놓으셨습니다. 그 결과 우리가 영생의 구원을 얻게 되었습니다. 그러므로 우리가 얻은 구원은 오롯이 예수 그리스도의 목숨값, 생명의 값입니다.

이제 예수님의 '생명 값'으로 구원받아 새로운 피조물이 된 우리는 예수님의 생명 값과 함께 사명도 받았습니다. 우리의 사명은 날마다 자신의 십자가를 지고 예수님을 따르는 것입니다.

십자가, 대가를 바라지 않는 사랑

예수님의 십자가 죽음은 오롯이 우리를 구원하시기 위한 희생이고 헌신이었습니다. 그런데 특이한 점이 있습니다. 예수님은 십자가에 달려 죽임당하시면서 그 소중한 생명을 내주셨지만, 우리에게 어떤 대가도 바라지 않으셨다는 점입니다. 왜 그러셨을까요? 십자가에 달려 죽으신 동기가 순수한 사랑이었기 때문입니다.

저는 예수님의 십자가를 묵상할 때마다 부끄러워집니다. 예수님은 그 소중한 생명, 그 영원한 생명을 내어주시면서도 제게 어떤 대가도 구하지 않으셨는데 저는 그렇지 않기 때문입니다.

저는 예수님의 그 큰 사랑을 받아 새 생명을 얻고 예수님의 복음을 전하는 영광스러운 직분을 얻었는데도 조금만 일해도 대가를 기대합니다. 하나님을 사랑하는 마음, 성도들을 사랑하는 마음, 아직 구원받지 못한 사람들을 긍휼히 여기는 마음이 동기가 되어서 예수님과 같이 모든 것을 오롯이 내어줄 마음을 가져야 하는데 그렇지 못합니다. 저는 아직 갈 길이 먼 목사입니다.

만일 예수님이 희생과 헌신의 십자가 죽음에 대해 어떤 대가를 구하셨다면, 그 대가가 크고 힘든 일일수록 사람들이 예수님의 죽음의 가치를 더 높이 평가했을지도 모릅니다. 하지만 예수님은 어떤 대가도 요구하지 않으셨습니다. 그랬더니 사람들은 예수님의 복음을 '싸구려 복음'이라고 조롱합니다. 대가를 구하지 않는 진정한 사랑의 의미를 깨닫지 못했기 때문입니다.

기독교의 복음은 대가를 구하지 않습니다. 그래서 구원을 얻기 위해 고통스러운 수련을 하거나, 많은 돈을 지불하거나, 아무나 도달할 수 없는 심오한 득도의 과정을 거칠 것을 요구하지 않습니다. 기독교의 복음은 예수 그리스도를 구주로 영접하는 것만으로 충분하다고 말합니다. 구원을 얻기에 필요한 모든 것은 예수님이 다 이루셨고, 우리는 믿음으로 그 복음을 받아들이면 됩니다. 그것이 구원을 얻는 유일한 방법입니다.

십자가, 다시 시작하게 하는 사랑

하나님과 우리 사이의 관계는 우리의 죄로 인해 단절되었습니다. 그러나 예수 그리스도의 십자가로 그 관계가 회복되었고, 이로써 우리는 새로운 피조물, 곧 이전과는 완전히 다른 존재가 되었습니다. 아무리 원하고 노력해도 하나님과 깨어진 관계를 회복할 수 없었던 우리가 예수님의 십자가 죽음 덕분에 이제 하나님께로 나아갈 수 있게 된 것입니다. 이에 대해 성경은 이렇게 말씀합니다.

그런즉 누구든지 그리스도 안에 있으면 새로운 피조물이라

이전 것은 지나갔으니 보라 새 것이 되었도다

고린도후서 5장 17절

새로운 피조물이 된 우리는 두 가지 특권을 얻었습니다.

첫째, 하나님을 기쁘시게 하는 삶을 시작할 수 있습니다.

우리는 하나님을 기쁘시게 할 수 없는 사람들이었습니다. 오히려 하나님을 떠나 죄의 종이 되어서 하나님의 마음을 슬프고 고통스럽게 하는 자들이었습니다. 그러나 예수 그리스도 안에서 이제 더는 죄의 종이 아니라 하나님의 자녀입니다.

탕자가 돌아왔을 때 아버지가 그 아들을 끌어안으며 입 맞추고 큰 잔치를 연 것은 우리를 자녀 삼으신 하나님의 마음을 표현한 것입니다. 집을 나간 아들이 돌아온 것만으로 아버지에게는 그 이상의 기쁨이 없는 것처럼, 우리가 예수 그리스도를 구주로 영접하고 하나님의 자녀가 된 것보다 하나님께 더 큰 기쁨은 없습니다.

탕자가 아버지 집에 돌아옴으로 그의 인생이 새롭게 출발하게 된 것처럼, 예수 그리스도를 구주로 영접한 그 순간 우리는 하나님을 기쁘시게 하는 삶으로 새 출발을 할 수 있게 되었습니다.

둘째, 예수 그리스도 안에서, 깨어진 다른 관계들을 회복할 힘을 얻었습니다.

사람에게 가장 기본이 되는 것은 하나님과의 관계입니다. 이 관계가 깨지면 모든 것이 다 무너집니다. 아담과 하와가 하나님의 명령을 거스르는 죄를 지었을 때 그들과 하나님 사이의 관계는 깨졌습니다. 그런데 그것으로 끝이 아니었습니다. 그 일로 아담과 하와의 관계도 깨지고, 사람과 짐승들 사이의 관계에도 문제가 생겼습니다. 아무 문제 없이 평화롭던 관계가 갈등과 다툼과 미움과 불신의 관계로 변질되었습니다.

그러나 하나님과의 관계가 회복된 우리는 다른 깨어진 관계들도 회복할 힘을 얻습니다. 가장 본질적인 관계가 회복되었기에 다른 관계들도 회복할 가능성을 얻은 것입니다. 이때 가장 먼저 해야 할 일은 가까이에 있는 깨어진 관계부터 회복하는 일입니다.

가족, 친척, 성도, 이웃 등 주변에 가까이 있는 이들 중에 관계가 깨어진 사람이 있습니까? 먼저 예수님의 십자가 사랑을 경험한 사람이 손을 내밀어야 합니다. 우리에게 예수님이 주신 힘이 있기에 먼저 손을 내밀어야 합니다. 예수 그리스도로 인해 다시 시작하게 된 우리가 다른 이들도 다시 시작할 수 있도록 도와주어야 합니다. 먼저 용서와 화해의 손을 내밀 때, 우리가 예수님을 닮아가고 있음을 스스로 증명하게 됩니다.

십자가로 얻은 자유를 굳게 지키라

거의 죽을 뻔하다가 다시 살아난 사람들에게서 공통적으로 발견되는 특징이 있습니다. 이제는 뭐든 할 수 있을 것 같다는 용기입니다. 영원한 사망 선고를 받았던 우리가 예수 그리스도 안에서 새로운 피조물이 되었으니 이제 못 할 일이 없습니다.

그러므로 이제 다시는 죄와 사망의 종이 되지 맙시다. 또다시 사탄의 시험에 빠져 자유를 잃어버리는 안타까운 일이 없기를 바랍니다. 예수 그리스도 안에 있으면 우리의 에너지를 가장 창조적인 일에 사용할 수 있습니다. 새 생명을 전파하고 하나님 나라를 확장하는 일에 우리의 소중한 인생을 사용할 수 있습니다.

그러나 사탄은 역시 만만치 않은 존재입니다. 예수 안에서 새로운 피조물이 된 우리를 여전히 시험하고 넘어뜨리려 합니다. 우리는 이미 예수 그리스도 안에서 자유자(自由者)가 되었는데, 사탄은 계속 우리가 죄와 사망의 종이라고 말합니다. 그 거짓말에 속지 말기를 바랍니다. 예수님이 우리에게 주신 자유는 그 누구도 빼앗을 수 없습니다.

그리스도께서 우리를 자유롭게 하려고 자유를 주셨으니
그러므로 굳건하게 서서 다시는 종의 멍에를 메지 말라
갈라디아서 5장 1절

그리스도께서 우리에게 주신 자유는 그 누구도 빼앗을 수 없지만, 문제가 다 끝난 것은 아닙니다. 사탄조차도 빼앗을 수 없는 이자유를 나 스스로 포기할 수도 있음을 알고 경계해야 합니다.

아무도 빼앗지 못하는데 나 스스로 포기한다면 너무나 안타까운 일 아닙니까? 그러니 예수님이 생명을 바쳐 우리에게 주신 자유를 절대로 포기해서는 안 됩니다. 끝까지 이 자유를 지켜야 합니다. 그러려면 계속해서 예수 그리스도 안에 머물러야 합니다.

예수 그리스도 밖으로 나가는 것은 스스로 자유를 버리고 다시 죄와 사망의 종이 되는 것을 의미합니다. 우리는 천국 가는 그날까지 오직 예수 그리스도를 주인 삼고 그 안에 머물러야 합니다. 예수 그리스도 안에 머문다는 것은 믿음을 지킨다는 것입니다. 그러면 그 누구도 우리의 자유를 빼앗지 못합니다. 우리는 더 이상 죄와 사망의 노예로 살지 않습니다.

10
부활 :
새로운 피조물로의 재탄생

하나님이 한 번도 경험하신 적 없는 일

죽음은 하나님이신 예수님이 한 번도 경험해본 적이 없는 일이었습니다. 본질적으로 하나님은 죽지 않는 존재이시기 때문입니다. 그러므로 예수님이 십자가에 달려 죽기로 하신 것은 그 죽음의 순간, 우리를 위해 하나님의 본질을 내려놓기로 하신 것입니다.

예수님이 십자가에 달려 돌아가시기 전에 겟세마네 동산에서 심히 고통스럽게 기도하셨다는 사실을 우리는 성경을 통해 잘 알고 있습니다. 예수님은 십자가의 고난과 죽음을 위해 이 세상에 오셨고, 고난당하실 것과 십자가에 달려 돌아가실 것을 제자들에게 이미 여러 차례 말씀하셨는데 왜 겟세마네 동산에서 그렇게 고통스러워하시며 그 고난의 잔을 피할 수 있게 해달라고 기도하셨을까요?

이것을 어떤 사람들은 육체가 당할 고통이 두려우셨기 때문이라고 해석합니다. 물론 그런 부분도 있습니다. 예수님은 이 세상에 계시는 동안에 완전한 하나님이시면서 완전한 사람이셨기 때문에 우리와 똑같이 육체의 고통을 느끼셨습니다. 모르고 맞는 매보다 알고 맞는 매가 더 큰 두려움을 주듯이, 예수님은 십자가에서 고난당할 것을 아셨고 그 고통이 얼마나 극심할 것인지도 아셨기 때문에 인간적인 측면에서는 두려우셨을 것입니다.

하지만 저는 예수님이 가장 두려워하고 고통스러워하신 것은 육체의 고통이 아니라고 생각합니다. 성부 하나님께 "이 잔을 내게서 지나가게 하옵소서"라고 간절히 기도하시며 또한 고통스러워하신 것은 하나님이신 예수님이 단 한 번도 경험한 적이 없는 영원한 생명의 단절, 그리고 삼위일체 하나님의 영원한 하나 되심의 단절이 얼마나 고통스러운지를 아셨기 때문입니다. 이 고통은 우리가 감히 상상할 수도 없습니다.

이런 생각을 할 수도 있을 것입니다.

'어차피 부활하실 텐데 단 3일간 하나님 아닌 상태로 있는 것이나 삼위일체의 하나 됨이 끊어지는 일이 뭐 그리 대단한 일인가.'

이는 예수님의 신성에 관한 온전하지 않은 지식에서 나온 것입니다. 하나님은 시간과 공간을 창조하신 분이지 시간과 공간에 얽매여 계신 분이 아닙니다.

"주께는 하루가 천 년 같고 천 년이 하루 같다"(벧후 3:8)라는 말씀이 있습니다. 사실 이 표현도 시간과 공간에 매인 우리의 눈높이에 맞춰 설명한 것이지 하나님의 본질을 제대로 설명하지는 못합니다. 3일이든 3천 년이든 3초든, 하나님께는 시간의 길이가 중요한 것이 아닙니다.

중요한 것은 하나님이신 예수 그리스도께서 하나님이 아닌 상태를 경험하시고, 삼위일체 하나님의 하나 됨이 깨어지는, 우리가 감히 상상할 수도 없는 고난을 겪으셨다는 사실입니다.

부활은 역사적 사실인가?

성경은 예수께서 십자가에 달려 죽으시고 장사한 지 사흘 만에 부활하셨다고 기록하고 있습니다. 여러분 중에는 이렇게 생각하는 사람도 있을 것입니다.

'예수님이 부활하셨다는 사실을 믿으면 그만이지, 골치 아프게 부활의 역사성까지 따져볼 필요가 있을까?'

안타깝게도 지난 2천 년 기독교 역사 내내 예수 그리스도의 부활이 실제로 일어난 일이 아니라는 주장은 계속 존재해 왔습니다. 예수 부활의 역사성을 부인함으로써 기독교의 근본을 흔들려는 시도들이 계속된 것을 가볍게 여겨서는 안 됩니다.

누가 제게 기독교 교리의 가장 필수적인 것들을 꼽아보라면 저는 다음의 네 가지를 말할 것입니다.

첫째, 삼위일체 하나님이 존재하신다.
둘째, 예수 그리스도의 십자가 죽음으로 대속이 이루어졌다.
셋째, 예수 그리스도의 부활로 영생의 구원이 이루어졌다.
넷째, 예수 그리스도께서 산 자와 죽은 자를 심판하기 위해 재림하신다.

이 외에도 중요한 교리들이 많지만, 이 네 가지는 우리의 구원에 꼭 필요한 핵심 진리입니다. 그런데 이 네 가지 핵심 진리 중에서 유난히 세 번째인 예수 그리스도 부활의 역사성에 대해서는 믿지 않거나 의문을 제기하는 사람들이 많습니다. 왜일까요? 죽었다가 다시 살아난 일, 그것도 영원히 죽지 않고 썩지 않을 몸으로 살아났다는 사실이 믿기 힘든 것입니다.

죽음 후의 부활이 믿기 힘든 것은 오늘날 우리 시대나 약 2천 년 전 예수님이 부활하신 그 시대나 마찬가지였습니다. 심지어 가장 가까이서 예수님을 만나고, 배우고, 기적을 목격한 예수님의 제자들마저 예수님의 부활을 믿지 못했습니다.

누가복음 24장에는 그런 상황이 잘 나타나 있습니다. 예수님을 따랐던 제자들 중 두 명이 예루살렘에서 약 10킬로미터 정도 떨어진 엠마오라는 마을로 가면서 예수님이 십자가에 달려 죽으신 일과 부활하셨다는 이야기를 나누고 있었습니다.

부활하신 예수님이 그들에게 가까이 오셔서 함께 길을 걸으셨습니다. 그러나 그 두 제자는 자신들 곁에서 동행하고 있는 분이 부활하신 예수님이신 것을 알지 못했습니다. 예수님이 부활하셨다는 소문을 들었지만, 그분이 정말로 부활하셨을 것이라고는 생각하지 않았기 때문입니다. 예수님이 그들에게 물으셨습니다.

"당신들이 걸어가면서 서로 주고받는 이야기가 무엇입니까?"(눅 24:17)

그중 한 사람인 글로바라는 제자가 대답했습니다.

"당신은 예루살렘에 다녀오면서 최근에 무슨 일이 일어났는지 모른단 말이오? … 나사렛 예수님에 관한 일인데, 그분은 하나님과 백성 앞에서 행동과 말씀에 능력이 있는 예언자이셨습니다. 그런데 대제사장들과 우리 지도자들이 그분을 죽게 넘겨주어 십자가에 못 박았습니다. 우리는 이스라엘을 구원할 분이 바로 그분이라고 기대했습니다. 뿐만 아니라 이 일이 일어난 지가 삼 일째입니다"(18, 19-21절).

연이어 그는 자신과 친분이 있는 사람들이 경험한 이야기를 들려줍니다.

"우리 중에 어떤 여자들이 우리를 놀라게 했습니다. 그들이 아침 일찍 무덤으로 갔지만 예수님의 시신을 보지 못하고 돌아와, 예수님이 살아나셨다고 말하는 천사를 보았다고 했습니다. 우리와 함께 있던 사람들 중에 어떤 사람들이 무덤으로 달려갔는데, 그 여자들이 말한 대로였고, 예수님을 볼 수 없었다는 것입니다"(22-24절).

글로바의 말을 들으신 예수님은 이렇게 말씀하십니다.

"너희는 어리석고, 예언자들이 말한 것을 더디 믿는구나. 그리스도가 이 모든 고난을 받고 그의 영광에 들어가야 할 것이 아니겠느냐?"(25,26절)

예수님은 이 말씀을 하시고 모세와 모든 선지자의 글, 곧 구약성경에 기록된 자기에 관한 일들을 자세히 설명하셨습니다. 예수님이 구약에 기록된 그리스도에 관한 예언들을 다시 차근차근 설명하셔야 할 정도로 제자들은 예수님의 부활을 믿지 않았습니다. 예수님의 제자들도 이 정도니 예수님의 부활을 믿는다는 것이 얼마나 어려운 일인지를 알 수 있습니다.

부활의 역사적 사실성이 왜 중요한가?

그래서인지 오늘날도 예수님의 탄생, 고난, 십자가 죽음은 역사

속에서 일어난 사실로 믿지만, 예수님의 부활은 잘 믿지 못하는 사람들이 많습니다. 심지어 어떤 사람들은 예수님이 실제로 부활하신 것은 아니고, 제자들이 너무나 예수님을 그리워한 나머지 자신들의 마음속에 예수님이 살아 계신다는 의미를 '부활'이라는 용어에 담아 상징적으로 표현한 것으로 생각하기도 합니다.

교회에 다니고 있지만 예수 그리스도의 부활이 잘 믿기지 않는 분이 있을 수 있습니다. 자신이 그렇다 할지라도 너무 자책하거나 실망하지는 마십시오. 예수님의 부활을 믿는 것은 참으로 어려운 일입니다. 자기 눈으로 본 것도 믿기 어려울 때가 있는데, 보지도 못한 일을 어떻게 쉽게 믿을 수 있겠습니까?

어떤 사람은 이렇게 생각할 수도 있습니다.

'예수님의 부활이 역사적으로 실제 일어난 일이든, 마음속에 예수님이 살아 계신다는 의미의 상징적인 표현이든 그게 뭐 중요하지? 그저 내가 예수 그리스도를 나의 주님으로, 나의 구원자로 믿으면 되는 것 아닐까?'

아닙니다. 예수 그리스도의 부활이 역사상 실제로 일어난 사실이 아니라면, 우리는 실체가 없는 믿음을 가지고 있는 것입니다. 실체가 없는 믿음을 다른 말로 광신(狂信)이라고 합니다. 광신자들을 보십시오. 하나님이 아닌 사람을, 메시아가 아닌 교주를 믿고 따르는 모습이 얼마나 불쌍하고 안타깝습니까? 그런 광신이야말로 하나님 앞에서 가장 큰 죄악인 우상숭배가 아닙니까?

만일 예수님이 실제로 부활하지 않으셨는데, 즉 부활의 실체가 없는데도 부활을 믿는다면 우리에게는 구원이 없고 우리는 광신자에 지나지 않을 것입니다. 그러나 우리가 믿는 부활이 역사상 실제로 일어난 일이라면 우리의 부활은 실체가 있는 부활인 것이고, 우리는 부활의 첫 열매이신 예수 그리스도를 따라 주님께서 재림하시는 날, 영원한 생명의 부활에 이를 것입니다.

그렇다면 예수 그리스도의 부활이 역사 속에서 실제로 일어난 사실인 것을 어떻게 증명할 수 있을까요? 부활이 실제로 일어난 사실임을 밝히는 세 가지 근거를 나누고자 합니다.

부활의 근거

성경의 증언

첫 번째는 기록된 성경의 증언입니다. 예수님은 부활을 믿지 못하는 제자들에게 모세와 모든 선지자들의 글, 곧 구약성경에 기록된 자기 자신에 관한 예언의 말씀들을 자세히 설명해주셨습니다.

부활하신 예수님을 만난 사도들 역시 같은 방식으로 예수 그리스도를 전합니다. 예수님의 탄생과 사역, 그분의 죽음과 부활에 관하여 구약에 예언된 말씀들을 직접적으로 인용하면서 이 모든 일은 우연히 발생한 일이 아니고 하나님의 계획을 따라 구약에 예언된 그 일들이 그대로 성취된 것이라고 증언합니다.

특히 마태복음은 구약을 많이 인용하며, 예수님의 사역이 구약에 예언된 말씀들을 그대로 성취한 것임을 직접적으로 밝히고 있습니다. 다음 구절들을 자세히 살펴보기를 바랍니다.

헤롯이 죽기까지 거기 있었으니 이는 주께서 선지자를 통하여 말씀하신 바 애굽으로부터 내 아들을 불렀다 함을 이루려 하심이라

마태복음 2장 15절

이는 선지자 이사야를 통하여 하신 말씀을 이루려 하심이라 일렀으되

마태복음 4장 14절

이는 선지자를 통하여 말씀하신 바 내가 입을 열어 비유로 말하고 창세부터 감추인 것들을 드러내리라 함을 이루려 하심이라

마태복음 13장 35절

이는 선지자를 통하여 하신 말씀을 이루려 하심이라 일렀으되

마태복음 21장 4절

마태복음의 일차적인 독자는 유대인들이었습니다. 그들은 구약 성경의 내용을 잘 알고 있었으므로 마태는 그들에게 예수 그리스도에 관한 일들이 우연히, 어쩌다 보니, 공교롭게 이루어진 것이 아니라고 전합니다. 우리가 알 수 없는 오래전부터 하나님께서 계획하시고, 선지자들을 통해 예언하셨고, 그 말씀들을 예수 그리스도께서 그대로 이루셨다는 것입니다.

우리의 구원에 관한 일은 어쩌다 보니 그렇게 된 일이 아니라, 모두가 하나님께서 아주 세밀하게 계획하고 약속하셨으며, 약속에 신실하신 하나님께서 그대로 이루신 일입니다. 그러니 예수 그리스도의 동정녀 탄생도, 십자가에서 이루어진 대속의 죽음도, 우리 부활의 첫 열매가 된 예수 그리스도의 부활도 하나님의 계획 속에서 성경에 예언된 대로 역사 가운데서 이루어진 일들입니다.

제자들의 변화

두 번째는 제자들이 놀랍게 변화했다는 점입니다.

예수님의 제자들이 예수님의 부활을 처음부터 믿었던 것은 아닙니다. 그들은 예수님이 십자가에 달려 죽임당하실 때 부활을 믿지 않았고, 예수님 가까이에 있으면 자기도 끌려가서 죽을까 봐 두려워서 도망쳤습니다. 목숨 잃는 것을 두려워한 제자들의 모습은 그들이 예수님의 부활과 자신들의 부활을 믿지 않았다는 결정적

증거입니다.

그렇게 목숨을 지키려고 도망쳤던 제자들이 후에는 죽음을 두려워하지 않는 사람이 되었습니다. 이런 변화에는 결정적인 계기가 있었습니다. 그것은 바로 부활하신 예수님을 직접 만난 일입니다. 부활하신 예수님은 제자들을 찾아가셔서 그들을 사도로 세우십니다. 사도는 예수 그리스도를 믿는 자들의 공동체인 교회를 이끌어가는 지도자들을 일컫는 말입니다.

사도들의 삶을 살펴보면 이들의 변화가 너무나 극적이라는 사실을 알 수 있습니다. 그들은 자신들이 모시던 예수님이 잡히시던 밤, 죽음이 두려워서 다 도망쳤고 예수님을 안다는 사실을 부인하기도 했습니다. 그런데 사도가 된 이후에는 죽음조차 두려워하지 않고 예수님의 십자가와 부활의 복음을 전하다가 순교했습니다.

무엇이 이런 변화를 만들어냈을까요? 무엇이 사도들을 죽음도 두려워하지 않게 하고, 심지어 순교자의 길을 걷도록 변화시켰을까요? 그것은 바로 부활의 능력입니다. 부활의 능력을 믿지 않았다면 죽음의 위기 앞에서 그들은 또다시 도망쳤을 것입니다. 하지만 예수 그리스도의 부활을 믿고, 그 부활의 능력이 자신들에게도 일어날 것을 믿었기 때문에 자기 목숨을 내놓는 일도 주저하지 않은 것입니다.

만일 예수님의 부활이 역사적 사실이 아니라면, 그래서 사도들이 부활하신 예수님을 만난 적이 없다면 그들은 결코 목숨을 내놓지 않았을 것입니다. 사도들의 이런 극적인 변화는 예수님의 부활이 사실이고, 그들이 부활하신 예수님을 만난 것이 사실이며, 그들이 육신은 죽지만 반드시 부활할 것을 믿었다는 확실한 증거입니다.

부활의 정당성

세 번째는 예수님의 부활이 부당한 일이 아니라 정당한 일이었다는 점입니다.

하나님은 어떤 분이십니까? 그분은 존재하는 모든 것을 창조한 분이십니다. 생명을 창조하기도 하고 거둬가기도 하는 분이십니다. 당연히 하나님은 예수 그리스도를 부활하게 할 능력이 있고, 또한 우리를 부활하게 할 능력이 있는 분이십니다.

그런데 반드시 알아야 할 사실이 있습니다. 성부 하나님은 전지전능하셔서 무엇이든지 뜻하신 대로 다 이루는 분이시지만, 또한 어떤 상황에서도 공의를 잃지 않으시기 때문에 정당하지 않은 일은 절대로 행하지 않으십니다.

그러므로 예수 그리스도의 부활은 성부 하나님께 있어서는 능력의 문제가 아닙니다. 성부 하나님은 십자가에 달려 돌아가신 예수 그리스도를 얼마든지 부활시키실 수 있습니다. 문제는 정당성의 문제입니다. 예수 그리스도의 부활은 성부 하나님이 보시기에 과연 정당한 일이었을까요?

엉뚱해 보이지만 이렇게 질문해보겠습니다.

"예수님이 우리 죗값을 대신 갚으시려고 십자가에 달려 돌아가셨다면 그것으로 끝나야지, 왜 성부 하나님은 예수님을 부활하게 하셨는가?"

상당히 일리가 있는 질문입니다. 우리의 죗값을 대신 갚으시기 위해 생명을 내놓으셨으면 그것으로 끝나야지, 3일 만에 부활한다는 것은 뭔가 깔끔하지 않고 정당하지 않게 여겨질 수 있습니다.

정치인이 정계 은퇴 선언을 했다면 그 이후로 정계에 복귀하지 않는 것이 가장 명예로운 모습입니다. 은퇴가 못내 아쉬워 다시 정계에 나오면 이런저런 비난을 받게 됩니다.

그러니 예수님의 부활에 대해서도 "내놨으면 그만이지, 왜 도로 찾아가?" 하고 비난하는 사람들도 있을 것입니다. 또한 "어차피 부활할 거면서 왜 죽지? 성부, 성자, 성령 삼위의 하나님이 서로 짜고 쇼하는 거 아니야?" 이런 비아냥도 있을 수 있습니다. 그렇다면 예수 그리스도의 부활은 성부 하나님과 성자 예수님이 '짜고 치는 쇼'와 같은 것일까요?

이렇게 비난하는 사람들이 놓치고 있는 사실이 하나 있습니다. 성부 하나님은 모든 만물의 창조주이실 뿐만 아니라, 모든 것에 대해 절대적인 판단과 심판을 하시는 유일한 재판관이시라는 사실입니다. 하나님은 선에 대해서는 상을 주시고 악에 대해서는 벌을 내리시며, 영원한 생명과 영원한 죽음을 결정하시는 유일한 분이십니다.

성부 하나님에게는 하나님의 뜻에 따라 무엇이든 할 수 있는 권세가 있습니다. 그런 성부 하나님께서 예수 그리스도께서 행하신 모든 일을 지켜보고 계셨습니다. 그 동기부터 과정과 결과까지 모든 것을 다 헤아리셨습니다. 성부 하나님께서 보시기에 예수 그리스도께서 행하신 일보다 더 의로운 일이 있을까요?

의인을 위해 목숨을 내놓는 자는 간혹 있지만, 불의한 자를 위해서 자기의 목숨을 내놓는 자가 있습니까? 심지어 유한한 인생을 구원하고자 자신의 영원한 생명을 내놓는 존재가 있을 수 있습니까? 상상도 할 수 없는 이런 일을 이룬 존재를 보시고도 성부 하나님께서 아무 상을 내리지 않으신다면 오히려 그것이야말로 부당한 일 아닙니까?

예전에 대만에서 만든 〈판관 포청천〉이라는 드라마를 즐겨 본적이 있습니다. 이 드라마가 방영되는 시간에는 거리가 한산할 정도였는데, 그러한 인기의 비결은 포청천이라는 재판관이 사건을 조사하면서 악인들의 죄악을 명명백백하게 밝혔을 뿐만 아니라, 그들의 죄에 응당한 형벌을 내렸기 때문입니다.

이 드라마의 압권은 극의 마지막 부분에 있습니다. 악인들을 단죄하면서 포청천은 작두를 대령시키고는 단호하고도 위엄 있는 목소리로 죄인의 팔목 또는 발목, 때로는 목을 자르라고 호령합니다. 시청자들은 불의한 세상에서 정의를 구현하는 장면을 보면서 환호했습니다. 인과응보에 따른 일종의 카타르시스를 느낀 것입니다. 〈판관 포청천〉은 죄를 저지른 악인들이 제대로 처벌받지 않고 법조차도 올바르게 집행되지 않는 현실에 답답함을 느끼는 시청자들에게 냉수 한 사발 들이켠 듯한 시원함과 후련함을 안겨주었습니다.

사람은 때때로 잘못된 판결로 억울한 사람이 생기게도 하고, 명백하게 죄가 있는데도 처벌하지 않는 어이없는 판결을 내리기도 하지만, 하나님은 사람이 아니시기에 결코 그런 실수를 하지 않으십니다.

온전히 의로우시며 공평하게 판단하시는 하나님은 예수 그리스도의 십자가 죽음에 대해 공정하게 판단하고 합당한 상을 주셨습니다. 그것이 바로 부활입니다.

성부 하나님은 예수님을 가장 영광스러운 부활의 몸으로 다시 살리시고, 모든 만물 위에 그의 영광을 높이셨습니다. 그리고 예수 그리스도 안에 있는 자들, 곧 믿음이라는 의를 가진 자들에게 최고의 상을 주셨습니다. 바로 부활의 첫 열매가 되신 예수님을 따라 부활하는 것입니다.

부활은 회복이 아니고 완성이다

성도가 부활하면 어떤 상태가 될까요? 많은 사람이 부활한 성도들은 에덴동산에 살던 범죄 이전의 아담과 하와의 상태와 같을 것으로 추측합니다. 그러나 이런 추측은 옳지 않습니다. 에덴동산에 살던 아담과 하와의 상태와 부활한 성도의 상태는 비슷해 보일 수는 있어도 본질은 매우 다릅니다. 이 둘 사이의 분명한 차이점들을 다음과 같이 정리할 수 있습니다.

몸의 차이

예수님이 십자가에 달려 돌아가셨을 때, 겁에 질려 도망친 제자들은 모든 문을 꼭꼭 걸어 잠그고 숨었습니다. 부활하신 예수님이 제자들을 찾아오셨을 때도 아무도 문을 열어드리지 않았습니다. 하지만 예수님은 제자들이 숨어 있는 집 안에 들어와 계셨습니다. 이로써 우리는 부활의 몸이 공간의 제약을 받지 않는다는 사실을 알 수 있습니다.

하지만 동시에, 부활의 몸은 눈으로 볼 수도 있고 손으로 만질 수도 있으며 음식을 먹을 수도 있는 물질적 형태를 가지고 있습니다. 물질이면서 시간과 공간의 제약을 받지 않는 이런 특별한 몸은 아담과 하와 그리고 그들의 후손인 온 인류 가운데 아무도 경험한 적이 없습니다. 하지만 우리의 대표가 되신 예수님이 시간과 공간의 제약을 넘어서는 몸으로 부활하심으로 우리가 장차 부활할 때 어떤 몸을 갖게 될지를 보여주셨습니다.

죄와 관련된 차이

에덴동산에서 아담과 하와는 죄를 지을 수도 있고 죄를 짓지 않을 수도 있는, 가능성의 존재였습니다. 너무나 안타깝게도 아담과 하와는 욕심을 품었고, 그 욕심을 틈탄 사탄의 유혹에 넘어가서 죄를 짓는 선택을 했습니다.

하지만 우리가 부활하면 영원히 죄를 짓지 않는 상태가 됩니다. 부활은 예수 그리스도께서 재림하실 때 이루어지는데, 그때 예수님은 죄와 사망의 권세, 그리고 우리를 미혹하는 사탄과 마귀들을 심판하시고 영원한 불못, 곧 영원한 지옥에 던져버리십니다. 그래서 부활한 성도들은 이제 죄와 사망, 그리고 사탄과 악한 영들과는 관계가 없는 상태로 영원히 살아갑니다.

존재하는 곳의 차이

우리가 죽는 날 곧바로 부활의 몸을 갖는 것은 아닙니다. 이 세상에서 죽음을 맞이하면 영혼은 천국으로 가지만 몸은 아직 이 세상에 남아 있습니다. 성경은 그것을 '잠들어 있는' 상태라고 말씀합니다.

> 그러나 이제 그리스도께서 죽은 자 가운데서 다시 살아나사
> 잠자는 자들의 첫 열매가 되셨도다
> 고린도전서 15장 20절

> 형제들아 자는 자들(죽은 자들, 쉬운성경)에 관하여는
> 너희가 알지 못함을 우리가 원하지 아니하노니
> 이는 소망 없는 다른 이와 같이 슬퍼하지 않게 하려 함이라
> 데살로니가전서 4장 13절

그리고 예수 그리스도의 재림 때, 이미 죽음을 경험한 사람들이 먼저 부활의 몸을 갖게 되고, 그다음으로는 그때까지 이 세상에 남아 있는 사람들의 몸이 영원히 죽지 않을 부활의 몸으로 홀연히 변화됩니다. 부활의 몸을 얻은 사람들은 새 하늘과 새 땅, 곧 예수님이 완성하신 천국에서 하나님과 함께 영원히 삽니다.

아담과 하와가 죄를 짓지 않았다면 우리는 지금 에덴동산에서 죄도, 고통도, 사망에 대한 두려움도 없이 살 것입니다. 예수 그리

스도의 부활이 우리를 그 상태로 돌려놓는다면 예수님의 부활은 회복이라고 말할 수 있겠지요. 하지만 예수 그리스도의 부활로 얻게 될 삶은 아담과 하와가 범죄 이전에 에덴동산에서 누렸던 삶과 질적으로 다릅니다. 비교할 수 없이 더 좋습니다.

예수 그리스도의 부활은 우리를 에덴동산이 아니라 새 하늘과 새 땅, 곧 예수님이 예비하신 완전한 곳으로 이끌어 갑니다. 그곳에서 우리는 죄도, 사망도, 고통과 두려움도, 다툼도 없는 삶, 곧 피조물로서 누릴 수 있는 최고의 삶을 완성하게 됩니다.

부활한 우리에게 단 하나의 한계는 우리가 하나님이 아니라는 사실입니다. 하나님은 여전히 우리의 예배를 받으실 분이시고, 우리는 여전히 그분의 다스리심을 받는 피조물입니다.

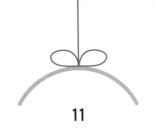

11
재림 : 심판주로 다시 오실 예수님

초림과 재림

부활하신 예수님은 제자들이 보는 앞에서 하늘로 올라가셨습니다. 신학적으로는 '승천'(昇天)이라는 단어를 사용하여 설명합니다. 승천하신 예수님은 하나님의 보좌 우편에 앉아 계십니다(히 8:1, 12:2). 하나님의 보좌 우편에 앉으셨다는 사실은 자신을 낮추어 이 세상에 오셨던 예수님이 지상 사역을 마치고 다시 영광을 얻으셨음을 증언하고, 영광을 얻으셨다는 그 사실은 예수님의 지상 사역이 완전히 성공했음을 알게 해줍니다.

예수 그리스도의 사역 중 남은 것은 단 하나뿐인데, 그것은 바로 재림(再臨)입니다. '재림'이라는 한자어를 우리말로 풀면 '다시 오심'입니다. 이 말에는 이미 오신 적이 있다는 의미가 들어있습니다. 즉 예수님은 이미 오셨고, 미래에 다시 오실 것입니다.

이처럼 예수님이 두 번에 걸쳐서 이 세상에 오시기 때문에 처음 오신 사건을 '초림'(初臨), 두 번째 오시는 사건을 '재림'이라고 표현합니다.

하지만 성경을 아무리 꼼꼼히 읽어봐도 '초림'이나 '재림'이라는 단어는 나오지 않습니다. 이 단어들은 성경에 나오는 예수 그리스도의 오심과 관련하여 신학적으로 정리한 용어들입니다.

예수 그리스도의 '초림'은 예수님의 성육신과 관련되어 있습니다. 하나님이신 예수님이 이 세상에 우리와 같은 인간의 몸으로 오신 것이 바로 '초림'의 역사입니다.

'재림'은 아직 성취되지 않았으나 미래의 어느 때에 반드시 이루어질 일입니다. 이렇게 확신할 수 있는 것은 예수님이 직접 약속하셨기 때문입니다. 또한 천사들도 예수님의 재림에 관해 증언했는데 그 내용이 성경에 기록되어 있습니다.

이 말씀을 마치시고 그들이 보는데 올려져 가시니
구름이 그를 가리어 보이지 않게 하더라
올라가실 때에 제자들이 자세히 하늘을 쳐다보고 있는데
흰옷 입은 두 사람이 그들 곁에 서서 이르되
갈릴리 사람들아 어찌하여 서서 하늘을 쳐다보느냐
너희 가운데서 하늘로 올려지신 이 예수는

하늘로 가심을 본 그대로 오시리라 하였느니라

사도행전 1장 9–11절

예수님이 다시 오시는 이유

예수님은 우리의 구원을 위해 필요한 일을 모두 다 이루셨는데 왜 다시 오시는 것일까요? 재림의 목적은 세상을 심판하는 것입니다. 구원자로 오셨던(초림) 예수님이 미래에 심판자로 다시 오십니다(재림).

여기서 기독교의 세계관이 불교의 세계관과 다르다는 사실을 알 수 있습니다. 불교의 세계관은 '윤회'(輪廻)의 세계관입니다. 윤회는 돌고 도는 순환을 의미합니다. 현생에서 악한 업보를 쌓으면 내생에서는 현생보다 좋지 못한 환경에서 태어나고 현생에서 선한 업보를 쌓은 자는 내생에서는 현생보다 좋은 환경에서 태어난다고 믿으며, 이러한 과정이 끊임없이 반복된다는 뜻에서 윤회라는 말을 사용합니다.

반면, 기독교의 세계관은 돌고 도는 것이 아니라 시작과 끝이 있는 직선적 세계관입니다. 이를 두고 '알파와 오메가'라고 말하기도 합니다. 알파는 그리스 알파벳의 첫 문자이고 오메가는 마지막 문자인데, 시작과 끝이 있다는 의미로 사용되는 관용적 표현입니다.

씨를 뿌릴 때가 있으면 열매를 거둘 때가 있고, 창조의 때가 있으면 심판의 때가 있습니다. 이 세상에 죄가 없다면 심판도 없겠지만, 이 세상에 죄가 있기에 심판의 때가 반드시 옵니다. 그러므로 예수님은 이 세상을 심판하기 위해 언젠가 반드시 오십니다.

간혹 이런 말로 따져 묻는 사람들이 있습니다.

"예수님은 곧 다시 오리라고 약속하셨는데, 2천 년이나 지나도록 왜 아직도 재림하지 않으십니까? 약속을 잊어버리신 것입니까? 설마 다시 오실 능력이 없어서 못 오시는 것입니까?"

이렇게 말하는 분들을 보면 너무 안타깝습니다. 하나님의 오래 참으심으로 아직 심판에 넘겨지지 않은 이때가 얼마나 소중한 기회인지 알지 못하니 그런 말을 하는 것입니다.

사실 예수님이 곧바로 심판주로 오셨어도 죄인인 사람들은 아무 말도 할 수 없습니다. 죄인이 지금 당장 심판을 받아도 자기 죄 때문에 심판을 받는 것인데 무슨 항변을 할 수 있겠습니까?

그러나 은혜 중의 은혜는 예수님이 오신 횟수와 순서에 있습니다. 예수님은 두 번에 걸쳐 이 세상에 오시는데, 그것 자체가 죄인들을 사랑하시고 불쌍히 여기시는 하나님의 은혜라는 사실을 알아야 합니다. 예수님이 곧바로 심판주로 오셨다면 저도 여러분도 이 세상에 존재하지 못합니다. 죄 사함을 받지 못한 인류는 한 사람도 빠짐없이 모두 심판을 받고 멸망했을 것이기 때문입니다.

그러나 예수님은 심판주로 오시기 전에 죄인들을 구원할 구세주로 이 세상에 오셨고, 우리를 구원하시기 위한 모든 일을 이루셨습니다. 그때로부터 재림까지는 이 세상 모든 사람을 구원의 은총으로 초청하는 시간입니다.

이 시간 동안 하나님은 교회와 성도들을 통해 온 세상에 구원의 복음을 전하게 하십니다. 하나님께서 죄인들을 단번에 심판하지 않으시고 오래 참으시는 이유는 한 사람이라도 더 구원하시고자 하시는 그분의 사랑 때문입니다.

하나님의 이 지극하신 사랑에도 불구하고 이 세상의 수많은 사람이 하나님의 오래 참으심에 대해 감사하기보다는 도리어 이를 조롱하고 멸시합니다. 우리를 위해 영원한 생명을 내어주신 예수님을 믿지 않고 구원의 은총을 받아들이지 않는 사람들이 너무나 많습니다.

하지만 그들이 알지 못하는 것이 있습니다. 하나님은 오래 참으시지만 영원히 참지는 않으신다는 사실입니다. 하나님은 자비와 긍휼이 무한하시지만 결코 죄를 방관하는 분은 아닙니다. 그러므로 하나님께서 정하신 오래 참으심의 시간이 지나면 이 세상에는 반드시 심판의 날이 임합니다.

그날이 바로 예수 그리스도께서 재림하시는 날입니다. 그 날은 예수 그리스도를 구주로 영접한 자들에게는 영광의 날이지만, 예수 그리스도를 거부한 자들에게는 두려운 심판의 날입니다.

죽음과 지옥에 관한 미혹

사람이 죽으면 화장(火葬)이든 매장(埋葬)을 통해서든 그의 몸은 작은 입자로 분해되어 이 세상에 머물러 있지만 영혼은 이 세상을 떠납니다. 죽은 자의 혼령이 이 세상 여기저기 돌아다닌다는 말은 거짓입니다. 사탄과 악한 영들이 사람들을 현혹하기 위해 죽은 자의 영혼이 떠도는 것처럼 속이는 것뿐입니다. 무당이나 점쟁이가 죽은 자의 영혼을 불러낸다거나 접신해서 산 사람과 대화하도록 하는 것은 모두 사탄의 속임수이거나 무당과 점쟁이의 연기일 뿐입니다.

예수 그리스도를 구주로 영접하기를 거부한 사람들이 죽으면 그들의 영혼은 그 즉시 영원한 형벌의 장소, 곧 지옥으로 갑니다. 지옥이라고 하면 끔찍한 고문의 장소를 떠올리는 분들도 있겠지만 성경에는 지옥에 관한 묘사가 그다지 자세히 나오지 않기 때문에 지옥이 어떤 곳인지 정확히 묘사하기는 어렵습니다.

예수님은 지옥에 대해 "꺼지지 않는 불"(막 9:43)이라고 간단하게 언급하셨는데, 이 말씀에서 불이 의미하는 것은 물질적인 불이 아닌, 피할 수 없는 하나님의 무서운 진노로 이해하면 좋을 것 같습니다.

성경에 등장하는 지옥의 묘사는 간략하지만 사람들의 상상력이 지옥에 대한 온갖 고통스러운 모습들을 그려냈고, 지금도 그런 일은 계속되고 있습니다. 유튜브를 비롯한 온라인상에서 가장 경계해야 할 콘텐츠 중 하나가 천국과 지옥에 관한 영상입니다.

자신이 천국과 지옥을 다녀와서 보고 들은 내용을 전한다는 내용인데, 제가 보기에는 대부분 가짜입니다. 사람이 재미 삼아 만들었거나, 인기를 얻기 위해 만들었거나, 사탄의 시험 가운데 만들어낸 이야기가 대부분입니다. 그중에 진짜가 있다 할지라도 그것이 어떤 것인지 우리가 분리해낼 수도 없습니다.

그러니 아예 그런 영상에 시간과 마음을 빼앗기지 않기를 바랍니다. 사람이 천국과 지옥에 대해 무엇을 상상하든 그것은 사람의 머릿속에서 나온 생각일 뿐입니다. 지옥의 고통은 사람이 생각하는 것 정도에 그치지 않을 것입니다. 사람이 무엇을 상상하듯 그것을 초월할 것입니다.

지옥에 소망이란 없다

하지만 우리는 조심스럽게 천국과 지옥이 어떤 곳일지 추론할 수는 있습니다. 제가 생각하는 지옥은 이렇습니다(제 생각일 뿐이므로 틀릴 수도 있으니 개인적인 견해로만 받아들이기를 바랍니다). 지옥은 어떤 소망도 없는 곳입니다. 그것이 이 세상과 지옥의 결정적인 차이입니다.

이 세상에는 아직 소망이 있습니다. 목숨이 붙어있는 한 언제든지 죄에서 돌이켜 하나님께로 돌아갈 기회가 있습니다. 이 세상이 아무리 악하고 고통스러워도 지옥보다 나은 것은 그래도 이 세상에는 아직도 기회가 있고 소망이 있기 때문입니다. 그래서 우리는 아직 기회가 있는 이 소망의 때에 한 사람이라도 더 구원을 얻도록 전도해야 합니다.

전도는 소망이 있는 이 세상에서만 할 수 있습니다. 죽음 이후의 세상에서는 전도할 수 없습니다. 지옥에는 소망이 없습니다. 그곳에서는 돌이킬 수 없고 복음도 전해질 수 없습니다. 따라서 그곳은 절망으로 가득 차 있습니다.

지옥에 있는 자들을 더욱 고통스럽게 하는 일이 있는데 그들은 반드시 이 일을 경험하게 될 것입니다. 그들은 이 세상에서 사는 동안 죄가 얼마나 무섭고 악하고 더러운 것인지를 잘 모르고 살았습니다. 그런데 지옥에 가서는 자신이 지은 죄들이 얼마나 끔찍한 것인지 비로소 정확하게 알게 됩니다.

또한 지옥에서는 자신이 지고 있는 죄의 무게가 얼마나 무거운 것인지를 알게 됩니다. 죄의 무게가 너무나 무거워서 도무지 감당할 수 없는 고통을 느낍니다. 문제는 그 죄의 무게를 덜어줄 존재가 없다는 것입니다. 죄의 무게를 견딜 수 없고, 그 고통을 덜어줄 자도 없다는 사실을 깨닫는 순간, 자신에게는 아무 소망도 없음을 알게 되고, 그 영원한 형벌에 몸서리를 치게 됩니다.

지옥에는 수고하고 무거운 짐을 대신 지시는 예수님이 계시지 않습니다. 불쌍히 여겨 은혜의 손길을 내미시는 하나님도 안 계십니다. 성령의 위로하심도 얻을 수 없습니다. 그곳이 바로 지옥입니다. 생각만 해도 끔찍하지 않습니까? 그러니 지옥에 가기 전, 아직 이 세상에서 호흡하고 있을 때, 아직 소망이 있는 이때, 곧 예수님의 재림 전에 복음을 받아들이고 구원을 얻어야 합니다.

이 세상에서 예수 그리스도를 구주로 영접한 자가 죽음을 맞이하면, 그 순간 그의 영혼은 천국으로 갑니다. 천국은 어떤 곳일까요? 천국은 하나님의 나라이며, 하나님의 나라는 하나님의 통치가 온전히 이루어지는 곳입니다. 하나님을 섬기는 자들이 더 이상 어떤 종류의 죄도 범하지 않는 나라, 아니 죄 자체가 없는 나라입니다.

이 세상에서는 비록 죄 사함을 받았어도 여전히 죄성이 존재하기에 하나님과의 친밀한 교제에 한계가 있었다면, 천국에서는 어떤 한계도 없이 하나님과 친밀한 교제를 온전히 그리고 영원히 누리게 됩니다. 그러므로 천국에는 어떤 고통도 없고 오직 기쁨과 감사와 영광과 행복만 있을 뿐입니다. 그곳이 바로 천국입니다.

재림의 날에 일어날 일들

이 우주의 역사에는 두 번에 걸친 큰 격변의 사건이 존재합니다. 하나는 이미 이루어진 일이고, 다른 하나는 앞으로 일어날 일입니다. 전자는 하나님의 창조의 날이고, 후자는 예수 그리스도의 재림의 날입니다.

재림의 날이 이르면 그때까지 이 세상에 티끌로 남아 있던 죽은 자들의 몸이 일어납니다. 그리고 이 세상을 떠났던 영혼들이 지옥과 천국으로부터 돌아와 그 몸과 결합하면서 영원히 죽지 않을 존재가 됩니다. 이것이 바로 부활입니다.

재림 이전에 죽었던 자들이 부활하고 난 다음에는 그때까지 이 세상에 남아 있는 사람들의 몸이 홀연히 변화하여 영원히 죽지 않을 부활의 몸이 됩니다. 그렇게 부활을 얻은 자들은 모두가 하나님 앞에 서게 됩니다. 환상을 통해 이 장면을 본 사도 요한은 그 현장을 이렇게 묘사했습니다.

또 내가 보니 죽은 자들이 큰 자나 작은 자나

그 보좌 앞에 서 있는데

책들이 펴 있고 또 다른 책이 펴졌으니 곧 생명책이라

죽은 자들이 자기 행위를 따라 책들에 기록된 대로 심판을 받으니

바다가 그 가운데에서 죽은 자들을 내주고

또 사망과 음부도 그 가운데에서 죽은 자들을 내주매

각 사람이 자기의 행위대로 심판을 받고

사망과 음부도 불못에 던져지니 이것은 둘째 사망 곧 불못이라

누구든지 생명책에 기록되지 못한 자는 불못에 던져지더라

요한계시록 20장 12-15절

요한계시록은 예수 그리스도께서 재림하신 이후의 지옥을 '불못'으로, 천국은 '새 하늘과 새 땅'이라고 표현합니다. '새 하늘과 새 땅'에 대해서는 많은 해석이 있지만, 분명한 사실은 새 하늘과 새 땅에는 죄가 없고 따라서 당연히 죽음도 없다는 것입니다. 그곳에서는 하나님의 통치가 온전히 이루어집니다. 그곳에 있는 모든 존재가 하나님을 온전히 사랑하고, 또한 서로 사랑함으로 영원한 행복을 누리게 됩니다.

그렇다면 예수님은 언제 재림하실까요? 이에 대해 예수님은 이렇게 말씀하셨습니다.

그러나 그날과 그때는 아무도 모르나니

하늘의 천사들도 아들도 모르고 오직 아버지만 아시느니라

마태복음 24장 36절

그날은 오직 성부 하나님만 아십니다. 성자 하나님이신 예수님도 그 결정권을 성부 하나님께 오롯이 올려드렸습니다. 그래서 그날은 성부 하나님께서 결정하실 것입니다.

그러므로 예수 그리스도께서 재림하실 날을 안다고 말하는 사람들, 곧 시한부 종말론을 주장하거나 그와 유사한 주장을 하면서 사람들을 불안하게 하는 사람들은 모두 예수님에게 정면으로 도전하는 것입니다. 그들이 아무리 예수님에게 충성하는 것처럼 위장해도, 시한부 종말론을 주장하는 순간, 그들은 하나님의 권위를 인정하지 않는 자들이 됩니다.

그런 자들을 가까이해서는 안 됩니다. 우리는 그저 그날을 기다리며 현재 하나님께서 내게 맡기신 일에 충실해야 합니다. 당장 오늘 재림이 이루어진다 해도 하나님 앞에 부끄럽지 않게 살아야 합니다. 그러므로 재림을 준비하는 가장 좋은 방법은 하나님 앞에서 최선을 다해 오늘을 살아내는 것입니다.

공부를 마치며 점검해봅시다

- 예수 그리스도의 십자가에 담긴 하나님의 사랑과 공의에 대해 이야기해
  봅시다.

- 예수 그리스도의 부활이 회복이 아니라 완성인 이유를 이야기해봅시다.

PART 3

성령
하나님

• 당신은 성령 하나님에 대해 어떻게 이해하고 있습니까?

• 우리는 성부 하나님이나 성자 하나님에 비해 성령 하나님에 대해서는 잘
  알지 못하고 있는 것이 사실입니다. 성령 하나님에 대해 궁금한 내용이
  있다면 기록해봅시다.

12

보혜사 성령 하나님

성령 하나님의 존재

성령 하나님은 성부 하나님이나 성자 하나님에 비해서는 잘 알려져 있지 않습니다. 성경에서 직접적으로 언급되는 분량도 적고, 교회 현장에서도 성령 하나님에 대해서는 많이 언급하지 않습니다. 그러나 성령 하나님은 우리와 가장 가까이 계신 분이라는 사실을 알아야 합니다.

우리의 구원을 위해 성자 하나님이신 예수 그리스도를 이 세상에 보내신 분은 성부 하나님이시고, 우리가 구원을 받기 위해 필요한 모든 것을 이루신 분은 성자 하나님이시지만, 구원의 역사를 우리 안에서 일으키시는 분은 성령 하나님이십니다. 또한 우리가 성부 하나님, 성자 하나님이신 예수 그리스도와 친밀한 관계로 연결되는 것 역시 성령 하나님께서 하시는 일입니다.

어떤 사람들은 이러한 사실을 인정하지 않으며, 성령 하나님이 독립적인 존재라는 사실을 부인하기도 합니다. 그들은 성령 하나님을 인격적 실체, 곧 스스로 존재하며 성부 하나님, 성자 하나님과 동등한 관계 가운데 계시는 분이 아니라 성부 하나님의 능력이나 광채 정도라고 여깁니다. 비유하자면 성부 하나님께서 태양이라면 성령 하나님은 태양이 뿜어내는 빛 내지는 열에너지 정도로 생각하는 것입니다.

하지만 성경은 성령 하나님이 독립적으로 존재하시며, 성부 하나님, 성자 하나님과 마찬가지로 인격적으로 다른 존재들과 관계를 맺는 하나님이심을 증언합니다. 성령 하나님의 존재에 관해 증언하는 성경의 내용은 다음과 같습니다.

예수 그리스도의 나심은 이러하니라
그의 어머니 마리아가 요셉과 약혼하고 동거하기 전에
성령으로 잉태된 것이 나타났더니
마태복음 1장 18절

성자 하나님이신 예수 그리스도께서 우리와 같은 몸을 가지고 이 세상에 오시는 과정에서 죄가 없는 사람으로 태어나게 하신 일을 성령 하나님이 이루셨습니다.

많은 사람이 예수님이 죄가 없으신 이유를 동정녀 탄생에서 찾습니다. 물론 동정녀 탄생 자체는 예수 그리스도의 나심이 일반적인 생육 법칙이 아닌 특별한 방식으로 이루어졌음을 분명히 증언합니다. 동정녀 탄생이므로 예수 그리스도의 탄생에 죄성이 있는 요셉이 영향을 미치지 않은 것은 분명한 사실이지만, 마리아 역시 죄성이 있는 사람이기 때문에 동정녀 탄생이 예수 그리스도의 죄 없으심의 직접적 원인이 될 수는 없습니다.

그렇다면 예수 그리스도의 죄 없으심은 어떻게 가능했을까요? 바로 그 지점에 성령의 역할이 있습니다. 마리아는 예수 그리스도께서 몸을 가지고 태어나시는 일에 존귀하게 쓰임 받았고, 성령 하나님은 그렇게 동정녀 탄생으로 태어나시는 예수님이 죄가 없으신 존재가 되시도록 역사하신 것입니다.

다음으로 성경 하나님이 독립적이고 인격적인 존재라는 사실을 알려주시는 성경의 증언은 예수님이 요단강에서 세례 요한에게 세례를 받고 물에서 올라오실 때 이루어집니다.

그때에 예수께서 갈릴리 나사렛으로부터 와서
요단강에서 요한에게 세례를 받으시고 곧 물에서 올라오실새
하늘이 갈라짐과 성령이 비둘기같이 자기에게 내려오심을 보시더니
하늘로부터 소리가 나기를

너는 내 사랑하는 아들이라 내가 너를 기뻐하노라 하시니라

마가복음 1장 9-11절

예수님은 공생애를 시작하시기 전 세례 요한에게 세례를 받으셨습니다. 성령 하나님의 역사하심으로 죄 없는 사람으로 이 세상에 태어나신 예수님이 왜 죄인들이 받는 세례를 받으셨을까요? 예수님은 죄가 있어서 회개와 죄를 씻기 위한 예식으로서 세례를 받으신 것이 아닙니다. 예수님이 세례를 받으신 것은 완전한 사람이 되셨음을 나타내시기 위해서입니다.

세례를 받고 물에서 올라오실 때, 예수님은 성령이 비둘기같이 날아 자신에게 내려오심을 보셨습니다. 또한 그때 하늘에서부터 소리가 들렸습니다.

"너는 내 사랑하는 아들이라. 내가 너를 기뻐하노라"(11절).

이 말씀을 하신 분은 성부 하나님이셨습니다. 성자 하나님이신 예수님이 세례 요한에게 세례를 받으시던 그 현장에 성부 하나님과 성령 하나님 모두 그 존재를 드러내셨습니다.

예수님이 알려주신 성령님

예수님은 제자들에게 십자가의 죽음을 알리신 후, 성부 하나님

께 의뢰하여 성령 하나님을 보내주실 것을 약속하셨습니다.

내가 아버지께 구하겠으니 그가 또 다른 보혜사를 너희에게 주사

영원토록 너희와 함께 있게 하리니

그는 진리의 영이라 세상은 능히 그를 받지 못하나니

이는 그를 보지도 못하고 알지도 못함이라

그러나 너희는 그를 아나니

그는 너희와 함께 거하심이요 또 너희 속에 계시겠음이라

요한복음 14장 16,17절

예수님은 십자가에 달려 죽임당하실 것과 부활하고 승천하실 것, 그리고 하나님의 영광스러운 보좌 우편에 앉으실 것을 아셨습니다. 그런 일들이 일어날 때 예수님은 제자들을 떠나시고 더는 이 세상에서 그들과 함께 계실 수 없지만, 결코 제자들을 버리지 않으셨습니다. 승천하신 후 열흘이 채 지나기도 전에, 성부 하나님께 구하여 성령 하나님을 이 세상에 보내셨습니다.

예수님은 성령 하나님을 보내실 것을 약속하시면서 성령 하나님에 관해 제자들에게 두 가지 정보를 주셨습니다.

보혜사

첫째, 성령 하나님은 '또 다른 보혜사'이십니다.

'보혜사'(保惠師)라는 말에는 '보호자, 돕는 자'라는 의미가 있습니다. 즉 성령 하나님은 예수님에게 속하여 이 땅에서 살아가는 사람들을 돕고 보호하시는 분입니다.

예수님이 보혜사를 말씀하실 때 그 앞에 붙이신 '또 다른'이라는 표현에는 보혜사의 역할을 했던 존재가 이미 있었고, 앞으로 다른 보혜사가 오실 것이라는 뜻이 담겨 있습니다.

이미 존재하는 보혜사는 성자 하나님, 곧 예수 그리스도 자신이고 또 다른 보혜사는 예수님이 곧 보내실 성령 하나님을 지칭합니다. 그러므로 성자 하나님과 성령 하나님은 둘 다 보혜사로서 동등한 관계이며, 성자 하나님이 하셨던 사역을 성령 하나님이 이어갈 것을 알리신 것입니다.

진리의 영

둘째, 예수님은 성령 하나님을 '진리의 영'이라고 말씀하십니다. 예수님은 "내가 곧 길이요 진리요 생명이니"(요 14:6)라는 말씀으로 자신이 진리이심을 드러내셨습니다. 또한 성경은 성부 하나님에 대해서 '진리의 하나님'이라고 말씀합니다.

내가 나의 영을 주의 손에 부탁하나이다 진리의 하나님 여호와여 나를 속량하셨나이다 시편 31편 5절

이러므로 땅에서 자기를 위하여 복을 구하는 자는 진리의 하나님을 향하여 복을 구할 것이요 땅에서 맹세하는 자는 진리의 하나님으로 맹세하리니… 이사야서 65장 16절

성령님은 '진리의 영'입니다. 성경은 일관되게 성부, 성자, 성령 하나님이 진리라고 말씀합니다.

그렇다면 진리는 무엇입니까? 진리는 '완전한 옳음'입니다. 사람들은 진리가 될 수 없습니다. 사람들에게 주관적 진리는 가능하지만 객관적 진리는 불가능합니다. 사람들은 스스로 옳다고 여기고 자기 생각이 진리라고 믿는 경향이 있지만, 사람의 진리는 주관적일 뿐입니다. 진리, 곧 완전한 옳음은 오직 하나님께만 속한 것입니다.

그러므로 성부 하나님, 성자 하나님, 성령 하나님은 각각 독립적으로 존재하시는 하나님이시면서, 동시에 진리 안에서 하나이신 한 분 하나님이십니다.

13
성령 하나님의 사역

성령님은 구체적으로 어떤 역할을 하시는지 살펴보겠습니다. 그 사역은 다음과 같이 크게 세 가지로 요약할 수 있습니다.

첫째, 성자 하나님께서 우리를 구원하기 위해 이루신 모든 일을 우리 안에 적용하신다(구원의 적용).

둘째, 그리스도인들이 점점 더 거룩해지도록 인도하신다(성화로 이끄심).

셋째, 그리스도인들이 성화의 길을 가다가 때때로 지치고, 실패하고, 낙심하고 절망할 때, 연약한 그들을 위하여 탄식하시고, 다시 일어나 새로 시작할 수 있도록 힘을 주신다(탄식하심과 힘 주심).

구원의 적용

많은 그리스도인이 자신이 언제 예수 그리스도를 구주로 영접하고 구원받았는지를 정확하게 알고 있거나 최소한 어렴풋하게나마 알고 있습니다. 그래서 "나는 모태신앙으로 아기 때부터 교회를 다녔는데, 진정으로 예수 그리스도를 구주로 영접하고 구원을 받게 된 것은 대학교 때의 일입니다" 이런 방식으로 구원의 확신을 표현하기도 합니다. 이처럼 자신이 언제 예수 그리스도를 구주로 영접했는지를 아는 것은 매우 바람직합니다.

그런데 많은 그리스도인이 놓치고 있는 사실이 있습니다. 자신이 예수 그리스도를 구주로 영접한 그 순간이 자기 인생에서 하나님의 구원 역사가 시작된 시점이 아니라는 사실입니다.

사실 우리는 예수 그리스도를 구주로 영접하기 전까지는 죄 사함을 받지 못한 죄인일 뿐입니다. 죄인이 과연 자기 스스로의 판단과 노력으로 하나님께 나아갈 수 있을까요? 이에 대해 성경은 이렇게 말씀합니다.

모든 사람이 죄를 범하였으매 하나님의 영광에 이르지 못하더니
로마서 3장 23절

성경은 모든 사람이 죄를 범하였기 때문에 하나님의 영광에 이

르지 못한다고 말씀합니다. 그 '모든 사람'에 우리도 포함됩니다. 당신도 포함되는 것입니다. 모든 사람이 죄를 범했기 때문에 모든 사람의 영의 눈은 어두워졌습니다. 그래서 스스로 하나님을 찾지 못할 뿐만 아니라 감히 하나님 앞으로 나아갈 수 없습니다. 예수 그리스도를 만나기 전, 곧 죄 사함의 은총을 받기 전 우리가 바로 이런 상태입니다.

이런 상태에서 어떻게 하나님을 섬기는 그리스도인이 될 수 있을까요? 거기에 성령 하나님의 역할이 있습니다. 성령 하나님은 사람이 죄 가운데 거하며 하나님을 찾지도 않고, 하나님께로 나아가지도 못할 때 사람 안에 들어오셔서 구원을 위한 일들을 시작하십니다.

성령 하나님께서 언제 우리 안에 들어오셨는지는 잘 알 수 없습니다. 자신이 예수 그리스도를 구주로 영접하고 구원의 확신을 얻게 된 후에야 '아, 내 안에 성령께서 들어오셔서 나의 구원을 위해 일하셨구나' 하고 깨닫고 이를 고백하게 됩니다.

예수 그리스도를 믿으면 새로운 피조물이 됩니다. 성경은 이를 두고 '거듭남'이라고 말씀합니다. 영원한 죽음에서 영원한 생명으로 다시 태어나는 그 일은 사람이 스스로 할 수 없습니다. 내가 어머니의 태중에 잉태될 때 그 사실을 내가 알지 못하는 것처럼, 내가 언제부터 하나님의 구원의 은혜 가운데 있었는지 알 수 없습니다. 내가 알기 전에 성령께서 내 안에서 구원의 놀라운 역사를 이미 시작하고 계셨던 것입니다.

성화로 이끄심

신앙생활을 하다 보면 '성화'(聖化)라는 말을 자주 듣게 됩니다. 우리말로 쉽게 풀면 '더욱 거룩한 삶으로 변화되어 가는 과정'이라고 할 수 있고, 다른 말로는 '예수 그리스도를 닮아가는 과정'이라고도 말할 수 있습니다.

'과정'이라고 한 이유는 이러한 변화가 단번에 성취되지 않고 점진적으로 이루어지기 때문입니다. 예수 그리스도를 구주로 영접했다고 해서 단번에 완벽히 거룩한 새사람으로 바뀌는 것이 아닙니다. 성화의 과정은 서서히 이루어집니다.

이 과정을 주도하시는 분이 성령 하나님이십니다. 우리는 성격이 급하고 참을성이 부족해서 이 성화의 과정 가운데 때로는 지치기도 하고, 짜증 내기도 하고, 낙심하기도 하며, 자기 자신에게 실망하기도 합니다.

하지만 성령 하나님은 그 모든 과정에서 묵묵히 오래 참으시며, 끝까지 포기하지 않고 우리를 인도하십니다. 우리가 천국에 이를 때까지 우리와 함께하시며 성화의 길로 이끄십니다.

천국에 들어가면 더 이상 성화의 과정은 없습니다. 천국에서 우리는 성화의 완성을 경험하며, 피조물에게 허락된 가장 영광스러운 상태가 됩니다. 이 단계를 '영화'(榮華)라고 합니다.

당신이 성령 하나님의 인도하심 가운데 성화의 과정에 들어섰다면 다음의 두 가지가 가능한 존재가 된 것입니다.

첫째, 안심입니다.

이 성화의 과정을 내가 주도하면서 내가 책임져야 한다면 하루도 감당할 수 없을 것입니다. 그러나 예수님이 보내주신 보혜사, 곧 우리를 보호하고 인도하시는 성령 하나님이 우리와 함께하며 도와주시기에 안심할 수 있습니다.

우리를 유혹하는 죄의 세력과 우리를 공격하는 사탄의 세력이 여전히 존재하기에 경계하기는 하지만 걱정할 필요는 없습니다. 그들보다 성령 하나님이 훨씬 강하시기 때문입니다. 그러므로 쉴 새 없이 이어지는 영적 전투의 현장에서도 우리는 성령 하나님의 보호하심 가운데 안전하며, 성령 하나님의 인도하심 가운데 반드시 승리합니다. 그렇기에 안심할 수 있습니다.

둘째, 인내입니다.

우리는 성령 하나님과 동행하면서 인내할 수 있습니다. 이 성화의 과정이 단 며칠, 또는 몇 년에 걸쳐 완성되는 일이라면 눈 한 번 찔끔 감고 감내할 수 있다고 생각할 것입니다. 하지만 이 성화의 과정은 예수 그리스도를 구주로 영접한 순간부터 우리가 이 세상을 떠나는 그 순간까지 계속됩니다.

그동안 우리는 날마다 자기 십자가를 지고 예수 그리스도를 좇아가야 합니다. 자기 십자가를 진다는 것은 내 욕심과 세상의 유혹, 정욕의 쾌락을 다 내려놓고 주님만 따르는 것을 의미합니다.

이 일이 얼마나 힘든 일인지는 신앙생활을 하면 할수록 더욱 절실히 깨닫게 됩니다. 많은 사람이 이 과정에서 자신이 얼마나 인내력이 없는 사람인지를 확인하게 됩니다. 하지만 이 과정에서도 성령 하나님은 우리를 도우시기에 인내할 수 있습니다.

이 세상에서 거룩한 삶을 사는 것이 결코 쉬운 일이 아니지만, 아니, 너무나 어려운 일이지만 성령께서 우리와 함께하시니 끝까지 인내하며 이 믿음의 경주를 완주할 수 있습니다.

탄식하심과 힘 주심

성령 하나님은 인격적인 분이십니다. 여기서 말하는 '인격적'이라는 말은 '관계성'을 의미합니다. 즉 성령 하나님은 단지 강한 힘이나 에너지에 불과한 것이 아니라, 우리와 관계를 맺고 소통하는 분이십니다.

우리와 소통하시는 성령 하나님을 가장 잘 느낄 수 있는 상황은

역설적이지만 우리가 가장 고통스럽고 힘들 때입니다. 사도 바울은 이렇게 설명합니다.

이와 같이 성령도 우리의 연약함을 도우시나니
우리는 마땅히 기도할 바를 알지 못하나
오직 성령이 말할 수 없는 탄식으로
우리를 위하여 친히 간구하시느니라

로마서 8장 26절

성령 하나님은 우리의 연약함을 잘 아십니다. 그뿐만 아니라 따뜻한 손길로 우리를 도우십니다. 우리가 슬플 때는 함께 슬퍼하시고, 우리가 지쳐 쓰러질 때는 우리의 손을 붙잡아 일으켜 세우십니다. 심지어 우리가 낙심하여 기도할 힘조차 없을 때는 성령 하나님이 우리를 위하여 탄식하시며 성부 하나님께 간구하십니다.

제가 기도할 때 자주 듣는 찬양 가운데 '누군가 널 위해 기도하네'라는 찬양이 있습니다. "당신이 지쳐서 기도할 수 없고 눈물이 빗물처럼 흘러 내릴 때 주님은 아시네, 당신의 약함을 사랑으로 돌봐주시네 … 네가 홀로 외로워서 마음이 무너질 때 누군가 널 위해 기도하네"라는 곡입니다.

이 가사에서 지쳐 있고, 약하고, 외롭고, 마음이 무너진 당신을 위해 기도하는 이 존재는 바로 성령 하나님이십니다. 당신이 지쳐서 기도할 힘조차 없을 때, 그 누구도 당신의 편이 되지 않을 때, 어디에서도 힘을 얻지 못할 때, 유일하게 당신을 위해 탄식하며 간구하시는 분, 그분이 바로 성령 하나님이십니다.

이 각박한 세상의 치열한 경쟁 속에서도, 오늘의 친구가 내일의 적이 되는 이 거친 세상 속에서도 끝까지 나의 편이 되시는 분, 그래서 언제나 안심할 수 있고 새 힘을 낼 수 있게 하시는 분, 그분이 바로 성령 하나님이십니다.

14
삼위일체 하나님

삼위일체에 관한 성경의 계시

지금까지 성부 하나님, 성자 하나님, 성령 하나님에 관해 각각 설명해드렸고, 이제 삼위일체 하나님에 관해서 이야기해볼 차례입니다. 미리 말씀드리자면, 삼위일체 하나님에 관해 아는 것은 어려운 일입니다. 사람이 삼위일체 하나님에 관한 모든 것을 알 수는 없기 때문입니다. 피조물인 사람이 창조주이신 하나님에 관해 완벽하게 알 수 없는 것은 당연한 일입니다.

그렇다면 삼위일체 하나님에 관해 어느 정도까지 알 수 있을까요? 답은 하나님께서 계시하시는 만큼입니다. 하나님께서 삼위일체에 대해 알려주시는 만큼만 알 수 있습니다.

삼위일체 교리가 어려운 또 하나의 이유는 그와 유사한 신관(神觀)이 세상 어디에도 존재하지 않기 때문입니다. 사람의 머릿속에서 나온, 곧 사람이 만들어낸 신관이라면 이해하는 데 큰 어려움이 없을 것입니다. 어렵다 해도 배우고 연구하면 이해할 수 있을 것입니다. 하지만 삼위일체 하나님에 관한 지식은 사람의 머리에서 나온 것이 아니라 하나님으로부터 비롯된 것입니다. 그래서 이성이나 지식이 아니라 하나님의 계시를 통해서만 알 수 있습니다.

성경에 나오는 삼위일체에 대한 하나님의 계시는 다음의 두 가지 사실을 우리에게 전합니다.

첫째, '성부 하나님, 성자 하나님, 성령 하나님은 각각 구별되는 존재'라는 것입니다.

이 정의를 다음과 같이 풀어서 설명할 수도 있습니다.

성부는 성자나 성령이 아니고,
성자는 성부나 성령이 아니며,
성령은 성부나 성자가 아니다.

둘째, '성부 하나님, 성자 하나님, 성령 하나님은 완전히 하나'라는 것입니다.

삼위 하나님이 어떻게 일체, 곧 하나가 될 수 있을까요? 사람의 이성과 논리로는 이 신비로운 하나님의 존재 방식을 감히 이해할 수도, 설명할 수도 없습니다. 그러므로 삼위 하나님이 하나이심에 관해서 알려면 전적으로 성경의 진술, 곧 하나님의 계시에 의존할 수밖에 없는데, 성경은 "하나님은 한 분이시다"라는 것을 이렇게 말씀합니다.

··· 하나님은 한 분이시니라 로마서 3장 30절

하나님은 한 분이시요 ··· 디모데전서 2장 5절

네가 하나님은 한 분이신 줄을 믿느냐 잘하는도다 귀신들도 믿고 떠느니라 야고보서 2장 19절

삼위일체 하나님에 대한 잘못된 이해

삼위일체 하나님에 관한 이해는 결코 쉽지 않으므로 간접적 방식으로 접근하기도 합니다. 즉, 삼위일체 하나님에 대한 잘못된 이해를 하나씩 제거함으로써 보다 바른 이해를 도모하는 것입니다.

다음은 삼위일체 하나님에 대한 대표적인 오해들입니다.

① "하나님은 한 분이시지만 상황에 따라 다른 모습으로 나타나신다"

이런 주장과 유사한 예를 물의 상태 변화에서 찾을 수 있습니

다. 섭씨 100도를 기준으로, 물은 그보다 온도가 높아지면 기체로, 100도 미만 0도 이상이면 액체로, 0도 미만이면 고체로 존재합니다. 이와 유사한 원리로 삼위일체를 설명하면서 "하나님은 어떤 상황에서는 성부로 계시다가, 다른 상황에서는 성자로 계시고, 또 다른 상황에서는 성령으로 존재하신다"라고 주장합니다.

② "하나님은 한 분이시지만 시대에 따라 그 호칭이 달라진다"

한 분 하나님이 구약시대에는 성부 하나님으로, 신약시대에는 성자 하나님으로, 성자 하나님이 승천하셔서 이 세상을 떠나신 이후에는 성령 하나님으로 부르게 되었다는 것입니다.

③ "한 분 하나님께서 가지고 계신 세 가지 신분에 따라 불리는 호칭이 달라진다"

이 글을 쓰고 있는 저를 예로 든다면 저는 교회에서는 목사, 제 아내에게는 남편, 자녀들에게는 아버지인 것과 같이, 하나님도 세 가지 신분을 가지고 계시며 상황에 따라 세 가지 신분 가운데 하나로 나타난다는 주장입니다.

이상의 설명은 모두 잘못된 것입니다. 성경은 분명히 성부, 성자, 성령 하나님께서 독립적으로 존재하심을 나타내고 있고, 또한 이 삼위의 하나님이 한 분 하나님이시라고 말씀하고 있습니다. 만일 삼위일체 하나님이 단 한 분뿐이고 상황이나 역할이나 신분에 따라서 서로 다르게 불리는 것이라면, 삼위 하나님에 관한 계시의 말씀 중 설명할 수 없는 내용이 있습니다.

성자 하나님이신 예수님이 세례 요한에게 세례를 받고 물에서 올라오실 때, 비둘기처럼 날아오시는 성령 하나님의 존재와 "이는 내 기뻐하는 아들이다"라고 말씀하신 성부 하나님의 존재에 대해 설명할 수 없습니다.

삼위일체 하나님에 대한 바른 이해

그렇다면 삼위일체 하나님에 대해 어떻게 이해해야 할까요? 쉬운 예를 하나 들어보겠습니다. 삼위일체 하나님에 대한 온전한 설명은 아니지만 이해에 도움이 되기를 바랍니다.

'동시에 말하기'라는 게임이 있습니다. 사회자가 질문을 던질 때 여러 사람이 동시에 같은 대답을 하면 성공하는 게임입니다. 이 게임의 묘미는 하나의 질문에 대해 여럿이서 같은 답을 말할 때 쾌감과 동질감을 느끼는 것입니다. 이 게임을 하다 보면 처음에는 같은 대답을 하는 경우도 가끔 있지만, 게임이 진행될수록 서로 다른 답을 하는 경우가 점점 더 많아집니다. 결국 '각 사람이 참 다르구나' 하는 깨달음을 얻게 됩니다.

그런데 만일 어떤 세 사람이 나와서 동시에 답을 외치는데, 어떤 질문이 나오더라도 매번 똑같은 답을 한다면 어떨까요? "저 세 사람은 하나같아!"라는 말을 들을 것입니다. 사실 이런 경우는 없지만 만일 그런 경우가 있다면 그 세 사람 중 누구에게 질문을 하든, 다른 두 사람의 답이 무엇일지 알 수 있을 것입니다.

만일 어떤 사람들이 모든 생각과 의지, 계획과 결정, 말과 행동이 한 치의 차이도 없이 완전히 일치한다면 그들은 같은 사람이라고 말해도 무방할 것입니다. 물론 사람 중에는 그런 사람들이 존재하지 않지만 삼위일체 하나님은 그런 분이십니다. 성부 하나님과 성자 하나님과 성령 하나님은 본질상 같은 존재입니다. 시작도 없고 끝도 없는 영원히 존재하는 신입니다.

그뿐만 아니라 성부 하나님과 성자 하나님과 성령 하나님은 모든 생각, 판단, 계획, 결정, 뜻이 완전히 같은 분이십니다. 성부와 성자가 뜻이 다르지 않습니다. 성자와 성령이 다른 생각을 품지 않습니다. 성령과 성부가 의견의 불일치 때문에 다투지 않습니다. 성부, 성자, 성령 하나님이 항상 한 마음, 한 뜻입니다. 그러므로 삼위 하나님은 한 분 하나님이십니다.

하나이지만 구별되는 역할

삼위일체 하나님은 하나이시고 또한 항상 함께 일하시지만, 그역할에는 구분이 있습니다. 예를 들면, 천지를 창조하시는 사역은성부 하나님의 결정과 명령으로 이루어진 일이지만 그 일을 실행하신 분은 성자 하나님이십니다. 이에 대해 사도 요한은 성자 하나님이신 예수 그리스도를 설명하면서 다음과 같이 진술합니다.

태초에 말씀이 계시니라

이 말씀이 하나님과 함께 계셨으니

이 말씀은 곧 하나님이시니라

그가 태초에 하나님과 함께 계셨고

만물이 그로 말미암아 지은 바 되었으니

지은 것이 하나도 그가 없이는 된 것이 없느니

요한복음 1장 1-3절

또한 성부 하나님은 우리의 구원을 위해서 독생자인 성자 하나님을 이 세상에 보내셨고, 성자 하나님은 우리의 구원을 위해 필요한 십자가의 죽음과 부활을 이루셨습니다. 성령 하나님은 예수님이 이루신 구원의 역사를 각 사람에게 적용하시고 성화의 길로 이끄십니다.

삼위일체 하나님은 하나이시면서 동시에 각자의 독특한 역할이 있습니다. 각자의 독특한 역할이 있되 또한 항상 함께 마음을 모으고 함께 일하십니다. 이 사실을 통해서 삼위일체 하나님은 다양성 가운데 통일성을 가지고 계시고, 또한 통일성 가운데 다양성을 가지고 계신다는 사실을 알 수 있습니다.

가정과 교회에 두신 하나님의 존재 방식

하나님의 이러한 존재 방식은 하나님의 형상과 모양대로 창조된 사람, 곧 하나님을 닮은 부분이 있는 사람 안에서도 그 흔적을 찾을 수 있습니다. 하나님은 사람을 창조하실 때 남자와 여자로 창조하셨습니다. 아담에게서 갈빗대를 취하여 하와를 만드셨습니다. 그러자 아담은 하와를 보면서 "내 뼈 중의 뼈요, 살 중의 살"(창 2:23)이라고 노래했습니다. 그리고 아담과 하와는 결혼하여 한 몸을 이룹니다.

남자와 여자는 별개의 존재이지만 결혼을 통해 한 몸을 이룹니다. 다양성과 함께 통일성이 존재합니다. 남자와 여자가 결혼해서 한 몸을 이루고 가정을 이뤘지만, 그 가정 안에서는 남편과 아내의 역할에 구별이 있습니다. 즉 통일성 속에 다양성이 있는 것입니다.

하나님은 교회를 세우실 때도 이와 같은 원리를 적용하셨습니다. 교회는 다양한 사람들이 모이는 곳입니다. 이 다양한 사람들을 사도 바울은 "각 지체"라고 표현합니다.

> 너희는 그리스도의 몸이요 지체의 각 부분이라
>
> 고린도전서 12장 27절

> 그에게서 온 몸이 각 마디를 통하여
> 도움을 받음으로 연결되고 결합되어
> 각 지체의 분량대로 역사하여 그 몸을 자라게 하며
> 사랑 안에서 스스로 세우느니라
>
> 에베소서 4장 16절

교회는 각기 다른 지체들이 모여 이룬 한 몸입니다. 다양성이 있지만 예수 그리스도 안에서 통일성을 가집니다. 통일된 하나의 교회에는 각기 다른 은사들과 개성들이 존재하며, 그런 다양성을 우리는 존중해야 합니다. 교회는 곧 다양성 속에 통일성이, 통일성 속에 다양성이 존재하며, 통일성과 다양성 둘 다 존중받아야 하는 공동체입니다.

공부를 마치며 점검해봅시다

- 당신이 신앙생활을 이제 시작했다면, 그 선택은 스스로 한 것입니까? 아니면 당신을 이끈 어떤 존재가 있다고 생각하십니까?

- 성령 하나님은 우리를 성화의 길로 이끄십니다. 우리는 이 성화의 길을 걸으며 점점 더 거룩해져 갑니다. 신앙생활을 하면서 성화된 부분이 있다면 이야기해봅시다. 또한 더욱 성화되어야 할 부분이 무엇인지 생각해보고 기도합시다.

PART 4

교회와
신앙생활

읽기 전에 생각해봅시다

• 당신은 교회가 무엇이라고 생각하십니까? 그리고 당신이 생각하는 이상적인 교회는 어떤 모습입니까?

• 당신의 신앙생활은 어떤 상태에 있습니까? 스스로 점검해봅시다.

15
교회는 무엇인가?

눈에 보이는 교회와 눈에 보이지 않는 교회

'교회' 하면 우리는 보통 자기가 사는 동네에 있는 교회, 혹은 내가 다니고 있는 교회를 떠올립니다. 신제주광염교회, 서울광염교회, 사랑의교회 등과 같은 교회들입니다. 이런 교회들은 눈에 보이는 교회로, '가시적(可視的) 교회'라고도 부릅니다. 가시적 교회에는 성도와 목회자가 있고, 예배당에 모여 함께 예배드립니다.

그런데 이렇게 눈에 보이는 교회뿐만 아니라 눈에 보이지 않는 교회, 곧 불가시적 교회도 있습니다. 눈에 보이지 않는 교회, 곧 불가시적 교회도 있습니다. 눈에 보이지 않는 교회는 모든 시대, 모든 장소에 존재하는 성도들, 곧 예수 그리스도를 구주로 영접하고 구원받은 하나님의 자녀들 모두를 의미합니다. 불가시적 교회는 '그리스도의 몸'이라고 불리며, 성도 각 사람은 이 몸의 각 지체를 이루고 있습니다.

눈에 보이는 이 가시적 교회 안에는 구원받은 하나님의 자녀들만 존재하는 것이 아닙니다. 겉모습만 보고는 각 사람의 영적 상태를 알 수 없습니다. 그래서 가시적 교회 안에 있는 사람 중 누가 예수 그리스도를 구주로 영접했는지, 영접하지 않았는지 우리는 판단할 수 없습니다. 누가 예수 그리스도를 구주로 영접했다고 말해도 그 말이 사실인지 아닌지는 하나님만 아십니다. 그러므로 가시적 교회에는 아직 구원받지 못한 사람들도 꽤 많이 있습니다.

'20세기의 가장 위대한 복음 전도자'라고 불리는 빌리 그레이엄(Billy Graham) 목사가 노년에 이런 말을 했습니다.

"하나님께서 나에게 다시 젊음을 주신다면, 나는 교회 안에 있는 저 수많은 구원받지 못한 불신자들을 전도하는 일에 나의 온 힘을 다 바치겠다."

이 말에 가시적 교회의 특징이 잘 나타납니다. 가시적 교회를 다닌다고 해서 모두가 다 구원받은 성도는 아닌 것입니다.

저는 가시적 교회 공동체 안에 아직 예수 그리스도를 구주로 영접하지 않은 이들이 포함되어있는 것을 결코 나쁘게 보지 않습니다. 오히려 기쁘게 생각하고 하나님께 감사드립니다. 비록 아직은 예수 그리스도를 구주로 영접하지 않았다 할지라도, 복음이 전파되는 공동체에 들어와 있다는 사실이 얼마나 감사한 일인지요. 우리가 먼 외국까지도 나가서 전도해야 하는데, 전도 대상자들이 스스로 교회 안으로 들어왔으니 얼마나 고마운 일입니까!

그들은 아직 구원에 이르지 못했다 할지라도, 구원받지 못한 사람들 가운데서는 하나님의 은혜에 가장 가깝게 있는 사람들입니다. 그러므로 먼저 예수 그리스도를 구주로 영접하고 구원을 얻은 사람들은 교회 안에 아직 구원을 얻지 못한 이들을 싫어하거나 배척해서는 안 됩니다. 도리어 고마워하고, 온 마음과 정성을 다해 친절하고 온유하게 잘 이끌어주어야 합니다.

반면에 눈에 보이지 않는 교회, 곧 불가시적 교회에는 구원을 얻지 못한 사람은 단 한 명도 없습니다. 이 공동체에는 오직 예수 그리스도를 구주로 영접하고 하나님을 아버지라고 부르는 구원받은 자들만 포함됩니다. 제주도에 있든 서울에 있든, 아시아에 있든 아프리카에 있든, 현재를 살아가든 과거에 살던 사람이든, 구원받은 성도들은 모두 이 공동체에 속해 있습니다.

저는 이 책을 읽고 있는 당신이 이 두 개의 공동체에 모두 속해 있기를 바랍니다. 눈에 보이는 교회에 다니면서, 눈에 보이지 않는 구원받은 성도들의 공동체에도 속하였기를 바랍니다. 둘 중 하나에만 속한 것은 아직 온전한 상태가 아닙니다. 하나님께서 기뻐하시는 신앙생활은 이 두 공동체 모두에 속하는 것입니다.

16
교회는 한 몸이다

서로 다른 지체가 조화를 이루는 교회

교회를 몸에 비유하는 것은 교회의 특성을 설명하는 데 매우 적합합니다. 교회 안에는 다양한 개인들이 존재합니다. 성별, 나이, 은사, 성격, 취향, 생각 등 모든 분야에서 서로 다른 수많은 성도가 있습니다. 다양한 배경과 개성을 지닌 사람들이 모여 있으면 하나되기가 쉽지 않습니다.

성경은 "몸은 하나인데 많은 지체가 있고 몸의 지체가 많으나 한 몸"(고전 12:12)이라고 말씀하지만, 서로 다른 사람들이 모여 있으면 의견을 모으기도, 마음이 하나 되기도 너무 어렵습니다. 하나님은 사람들 사이의 차이들을 억지로 똑같이 만들려고 하지 않으십니다. 도리어 이 다양한 차이들이 모이고 어우러져 아름다운 하모니를 이루도록 하십니다.

오케스트라를 생각해보십시오. 100명의 단원이 모여 오케스트라를 구성하는데 모두 바이올린 연주자 뿐이라면 조화로운 소리를 내는 오케스트라가 될 수 없습니다. 진정 아름답고 풍성한 소리를 내려면 다양한 악기의 연주자들이 모여야 합니다.

그다음 단계도 중요합니다. 다양한 악기 연주자들이 모였어도, 저마다 자기 악기가 최고라고 생각해서 다른 악기 소리는 듣지 않고 자신의 악기만 큰 소리로 연주한다면 이 오케스트라가 연주하는 곡은 음악이 아니라 소음이 될 것입니다.

오케스트라의 비유와 같이 교회는 다양한 성도들이 모여서, 자기만의 소리를 내는 것이 아니라, 상대방의 소리를 들으면서 서로 조화를 이루도록 해야 합니다. 때로는 숨죽여야 할 때도 있고, 때로는 온 힘을 다해 큰 소리를 내야 할 때도 있습니다. 그렇게 이끌기도 하고 밀어주기도 하면서 서로 조화를 이룰 때 비로소 아름답고 풍성한 교회 공동체가 됩니다.

사도 바울은 이 조화의 원리를 몸에 비유하여 설명합니다.

눈이 손더러 내가 너를 쓸 데가 없다 하거나
또한 머리가 발더러 내가 너를 쓸 데가 없다 하지 못하리라
그뿐 아니라 더 약하게 보이는 몸의 지체가 도리어 요긴하고
우리가 몸의 덜 귀히 여기는 그것들을 더욱 귀한 것들로 입혀주며

우리의 아름답지 못한 지체는 더욱 아름다운 것을 얻느니라

그런즉 우리의 아름다운 지체는 그럴 필요가 없느니라

오직 하나님이 몸을 고르게 하여

부족한 지체에게 귀중함을 더하사 몸 가운데서 분쟁이 없고

오직 여러 지체가 서로 같이 돌보게 하셨느니라

고린도전서 12장 21-25절

눈, 손, 발, 머리, 모두 소중한 몸의 지체들입니다. 그러므로 교회 안에서는 직책, 직분, 재산, 사회적 지위, 건강, 권력 등 그 무엇으로도 차별하거나 업신여겨서는 안 됩니다. 모든 사람이 받아들여지고 각자가 부르심을 받은 자리에서 자기 역할을 잘 감당하는 공동체가 우리가 추구해야 하는 참된 교회의 모습입니다.

연약한 지체를 사랑하고 돕는 교회

어떤 문제가 있거나 약해 보이는 지체가 있을 때는 비난하거나 조롱하는 것이 아니라 도리어 더욱 귀하게 여기고 위로하고 격려하며, 그가 믿음의 길을 함께 가고 또한 끝까지 완주하도록 도와주어야 합니다. 어떤 교회 공동체가 건강한지 건강하지 못한지 그 여부는 신체적으로나 영적으로 연약한 지체들을 성도들이 어떻게 대

하느냐에 달려 있습니다.

서로 길이가 다른 열 조각의 나무를 붙여서 만든 두레박이 있습니다. 그 두레박으로 물을 길으면 얼마만큼의 물을 길을 수 있을까요? 정답은 가장 길이가 짧은 나무 조각의 높이만큼입니다. 다른 조각들이 아무리 길고 커도, 결국 짧고 작은 나무 조각 쪽으로 물이 새어 나갑니다. 물을 더 많이 담으려면 가장 짧고 작은 나뭇조각을 길고 크게 만들어야 합니다.

그러므로 교회는 연약한 자, 덜 성숙한 자, 문제가 있는 성도들에게 더욱 큰 관심을 가져야 합니다. 수군거리거나 그들을 멀리하는 것이 아니라, 온유하고 친절한 마음으로 그들을 위해 기도하며 때로는 기다려주고 때로는 격려하고 권면하면서, 건강하게 성장하도록 도와주어야 합니다. 이런 관심과 노력이 결국 그 교회 공동체의 영적 수준을 결정합니다.

우리가 속한 교회 공동체가 이와 같기를 소망합니다. 교회 안의 모든 성도가 서로를 사랑하고, 서로를 위해 기도하고, 서로를 격려하고 도와주면서 함께 성장해 나가기를 바랍니다. 이로써 교회의 영적 수준이 정체되거나 퇴보하지 않고, 나날이 성장하며 한 몸을 이루기를 바랍니다.

17
교회와 성도가 힘써야 할 일들

예배

저는 '감자탕교회'라는 별칭으로 잘 알려진 서울광염교회에서
부목사로 12년을 사역했는데 그때 배웠던 것 중 아직도 생생하게
기억나고, 그래서 지금도 꼭 붙들고 있는 가르침이 있습니다.

주일의 모든 예배와 사역을 마치면 모든 목회자, 성도들과 함께
교회를 청소하고, 청소 후에는 조현삼 담임목사님과 모든 부교역
자가 모여서 교역자 회의를 합니다. 대략 밤 10시쯤 시작한 회의는
자정을 넘기는 것이 보통이었고, 새벽 1시 혹은 2시까지 이어지기
도 합니다.

그날의 교역자 회의는 지금도 잊을 수가 없습니다. 회의의 주제
는 '사역'이었는데 우리 앞에 이 질문이 주어졌습니다.

"우리 교회가 힘이 달려서, 하고 있던 여러 사역들을 다 정리하

고 단 하나만 해야 한다면 그것은 무엇이 되어야 하는가?"

　서울광염교회는 재난 긴급구호로 유명한 교회입니다. 지진이나 태풍, 쓰나미나 큰 규모의 사고가 일어났을 때 가장 먼저 달려가서 고통당하는 이웃들을 돕는 일에 모범을 보이는 교회이기에 많은 이들이 '재난구호 하는 교회'라는 이미지를 떠올리곤 합니다.

　그외 선교와 장학, 기독교문화와 출판에 이르기까지 아주 다양한 사역을 하고 있고 그 사역 하나하나가 모두 소중하고 중요합니다. 이 중요한 사역들이 다 머릿속으로 지나가고 있었습니다.

　하지만 교회가 포기할 수 없는 가장 중요한 사역, 그것을 찾는 데는 그리 오랜 시간이 들지 않았습니다. 담임목사님은 별로 고민할 것도 없이 답을 내놓으셨습니다.

　"그것은 예배입니다."

　그 자리에 있던 부교역자들 중 단 한 명도 이 결론에 이의를 제기하지 않았습니다. 교회의 가장 중요한 사역에 대한 우리의 단 하나의 결론은 예배였습니다.

예배가 먼저다

　예배는 교회의 존재 이유이자 목적이며 중심입니다. 다른 일들이 바빠서 예배를 거르거나, 예배를 드리기는 하지만 다른 것에 마음이 더 쏠려 있다면 분명히 잘못된 것입니다. 성도 개인적으로도 예배는 형식적으로 드리면서 교육, 전도, 구제, 교제, 봉사와 같은 다른 활동들을 적극적으로 하고 있다면 큰 문제입니다. 예배는 교회의 중심일 뿐만 아니라, 성도 개인의 삶에서도 가장 중요한 일이기 때문입니다.

사실 우리가 개인적인 영역으로 생각했던 많은 부분도 예배의 영역에 속합니다. 성경 읽기, 말씀 묵상(QT), 찬양, 기도, 심지어 일상생활까지도 넓게 보면 예배의 영역에 속합니다. 그리스도인의 삶은 전체로서 하나님과의 관계 속에 있으며, 우리의 삶은 전체로서 그리고 온전히 하나님께 드리는 예배이기 때문입니다.

예를 들면, 성경을 통독하는 이유는 성경 지식을 더 많이 얻으려는 목적도 있지만 근본적으로는 나를 향한 하나님의 뜻을 깨닫고 그 뜻대로 순종하며 살기 위한 것입니다. 이는 더욱 깊고 풍성한 삶의 예배로 들어가기 위한, 아주 중요한 준비의 단계입니다.

말씀 묵상도 마찬가지입니다. 내 삶이 예배자의 삶이 아니라면 하나님 말씀을 묵상하며 하나님의 뜻과 내 삶에 대해 조용하고 진지하게 생각할 필요가 없습니다. 결국 전적으로 나만의 시간이라고 생각했던 말씀 묵상의 시간도 하나님과의 관계를 더 깊고 풍성하게 하는 시간, 곧 진정한 예배자로서 준비되는 시간입니다.

신자의 모든 삶이 예배다

진정한 예배자는 삶의 어느 한순간만 떼어서 예배를 드리는 것이 아니라, 삶의 모든 순간을 거룩한 예배로 하나님께 드립니다. 이에 대해 사도 바울은 우리 몸을 하나님이 기뻐하시는 거룩한 산 제물로 드리라고 권하면서, 이것이 영적 예배라고 말합니다.

> 그러므로 형제들아
> 내가 하나님의 모든 자비하심으로 너희를 권하노니
> 너희 몸을 하나님이 기뻐하시는 거룩한 산 제물로 드리라
> 이는 너희가 드릴 영적 예배니라
> 로마서 12장 1절

"너희 몸을 … 거룩한 산 제물로 드리라"라는 말씀은 무슨 뜻일까요? 이 말씀을 문자 그대로 해석해서 자기 몸의 일부나 전체를 하나님께 제물로 바친다면 아주 참혹한 일이 발생할 것입니다. 그것은 자기 자녀를 산 채로 불에 던져 제물로 바치는, 몰렉이라는 우상 신을 숭배하는 방식과 다를 바 없는 것입니다.

이 말씀에서 '너희 몸'을 하나님이 기뻐하시는 거룩한 산 제물로 드리라는 것은 하나님께서 기뻐하시는 거룩하고 정결한 삶을 살라는 말씀입니다. 하나님은 우리가 거룩하고 정결한 삶을 살면 기

뻐하십니다. 그리고 그런 삶을 거룩한 산 제물로 받아주십니다. 곧 우리의 삶 자체가 우리가 하나님께 드리는 영적 예배인 것입니다.

공예배와 일상의 예배

예배에는 두 가지 차원이 있습니다. 자신의 삶을 하나님께서 기뻐하시는 거룩한 산 제물로 드리는 개인적 차원의 예배, 그리고 하나님께 삶을 드리는 성도들이 모여서 함께 하나님께 예배를 드리는 공동체적 차원의 예배가 있습니다.

이 둘 중 하나를 선택하는 것이 아니라 이 두 예배를 모두 하나님께 드려야 합니다. 그러므로 개인의 삶을 하나님께 드리는 성도들은 공동체의 예배 현장으로 나아가야 합니다. 또한 공동체의 예배를 드렸다고 다 된 것이 아니라 자기 삶의 모든 순간을 거룩한 예배의 삶으로 하나님께 드리는 것으로 이어져야 합니다.

제 은사이신 폴 스티븐스(R. Paul Stevens) 교수님은 'the Other 6 Days'(나머지 6일)라는 것을 항상 강조하셨습니다. 그리스도인들은 보통 주일을 가장 중요한 날로 여기고 그날 모여 하나님께 예배를 드리는 일로 영적 의무를 다했다고 생각하곤 합니다. 하지만 주일 못지않게 중요한 것이 나머지 6일이며, 어쩌면 그 나머지 6일로 인해 주일이 하나님께서 받으실만한 것이 됩니다.

하나님께 드려질 삶의 예배를 위해서는 시간을 내고 수고를 하는 정성이 필요합니다. 매일 짧은 시간이라도 지속적으로 하나님의 말씀을 묵상하고 기도해야 합니다. 그런데 여기에도 적절함이 필요합니다. 사람들은 무엇이 좋다고 하면 그 일에 지나친 욕심을 내는 경우가 있는데 이는 신앙생활에서도 예외가 아닙니다.

경건의 시간이 좋다고 해서 너무 욕심을 내면 처음에는 열심히 해도 오래도록 지속하지 못하고 중단하기 쉽습니다. 그러므로 처음에는 아주 짧고 쉽게 시작하는 것이 좋습니다. 말씀 묵상의 경우 처음에는 하루에 한 구절만 하는 것도 좋습니다. 그러다가 점점 그 양을 늘려가는 것이 현명한 방법입니다.

기도 역시 단 1분부터 시작해보십시오. 삶의 어떤 시간이든 단 1분 기도하는 것은 그렇게 어렵지 않을 것입니다. 장소도 마찬가지입니다. 교회뿐만 아니라 자신의 침실에서, 거실에서, 이동 중인 버스나 지하철 안에서, 그리고 걸어가면서도 기도할 수 있습니다. 보통은 눈을 감고 기도하지만, 눈을 뜨고도 할 수 있습니다.

이렇게 언제 어디서든 기도하는 습관을 갖다 보면 나중에는 내 삶의 모든 순간이 기도요, 내 인생의 전체가 예배가 되는 경험을 하게 됩니다. 구약성경에는 에녹에 대한 아주 짧지만 아주 강렬한 기록이 있습니다.

에녹은 육십오 세에 므두셀라를 낳았고 므두셀라를 낳은 후

삼백 년을 하나님과 동행하며 자녀들을 낳았으며
그는 삼백육십오 세를 살았더라
에녹이 하나님과 동행하더니 하나님이 그를 데려가시므로
세상에 있지 아니하였더라

창세기 5장 21-24절

에녹은 하나님과 동행하는 삶을 살았습니다. 이런 삶을 다른 말로 '일상의 예배'라고 표현할 수 있습니다. 삶의 모든 순간이 예배이고 기도였을 것입니다. 에녹은 이 세상에서 살 때도 하나님과 늘 동행했고, 천국에 가서도 늘 하나님과 동행한 사람입니다. 그는 이 세상에서도 천국에서도 한결같았습니다. 이 세상을 살면서도 천국을 경험하며 산 것입니다.

우리도 그런 삶을 살기를 바랍니다. 우리의 일상이 예배가 되고, 모든 생각과 언어가 기도가 된다면 이 세상에서 살고 있어도 천국을 경험하며 사는 것입니다.

교육

다음으로 교회가 힘써야 할 일은 교육입니다. 예배 다음으로 중요한 사역은 의견이 나뉠 수 있는데, 교육과 전도 둘 다 중요하지만, 굳이 순서를 따진다면 저는 교육이 먼저라고 말할 것입니다. 전도가 중요하지 않다는 의미가 아닙니다. 전도가 중요하기에 교육이 우선되어야 한다는 의미입니다. 전도하라는 주님의 명령을 제대로 수행하려면 잘 배워야 합니다. 열심히 전도하기는 하는데, 전하는 내용이 엉터리라면 자신뿐만 아니라 전도 대상자에게도 심각한 영향을 끼치게 됩니다.

모든 교회 공동체는 교회의 미래 세대인 교회학교 교육에 관심이 매우 큽니다. 어린 시절부터 하나님을 아는 지식을 가져야 올바른 그리스도인으로 성장할 수 있다는 사실을 알기 때문입니다. 그런데 교육은 어린이와 청소년, 그리고 청년에게만 필요한 것이 아닙니다. 성인 성도들도 적극적으로 교육을 받아야 합니다.

하지만 교회학교 교육에는 큰 관심을 두는데 정작 자신에 대한 교육의 필요성은 잘 느끼지 못하는 장년 성도들이 많습니다. 학교를 졸업했으니 공부는 다 했고 이제 돈만 벌면 된다고 생각하는 것과 비슷합니다. 그러나 신앙생활도 경제활동도 모두 계속 배우며 해야 합니다. 배우지 않으면 성장과 발전이 없습니다.

또한 계속 배우지 않으면 사탄의 시험에 빠질 위험이 커집니다. 사탄은 계속해서 발전해 나가는데 우리가 그대로 있다면 결국 당할 수밖에 없습니다. 그러다 보면 이단과 사이비와 같은 잘못된 길로 빠져들 수도 있습니다.

신앙생활을 오래 해서 하나님에 대해 이미 충분히 알고 있다고 생각한다면, 그보다 교만하고 위험한 생각은 없습니다. 우리는 아무리 공부해도 하나님을 온전히 알기에는 항상 부족하다는 사실을 인정하고, 계속해서 공부하고 또한 삶에 적용해야 합니다.

교회는 예배와 함께 다양한 교육의 기회를 제공합니다. 성경공부반, 예수제자반 같은 교육과 훈련 프로그램에 적극적으로 참여하기를 권합니다. 시간이 여유롭지 않다면 온라인이나 책을 통해 공부하는 것도 좋습니다. 단, 공부하는 내용이 건전한지 목회자에게 문의하기를 바랍니다.

특히 인터넷 공간에는 잘못된 정보나 이단, 사이비 단체가 올려놓은 자료가 많으니 더욱 주의해야 합니다. 의심스러운 경우에는 반드시 목회자와 함께 점검하기를 바랍니다.

전도

교육을 제대로 했다면 그다음에는 전도에 힘써야 하는데 부담을 느끼는 사람이 많습니다. 어떤 사람은 이렇게 말합니다.

"목사님, 저도 사도 바울처럼 전도의 열정이 넘쳤으면 좋겠습니다. 전도해야 한다는 것은 알겠는데 저는 전도의 열정이 별로 없습니다. 구원받지 못한 영혼들에 대한 불타는 듯한 마음이 있어야 하는데, 그렇지 못한 제 모습이 부끄럽습니다."

전도의 열정을 갖는 것은 참으로 귀하고 복되지만, 모든 성도가 반드시 강렬한 전도의 열정을 가져야 한다고 생각하는 것은 편견입니다. 이런 편견은 도리어 전도를 더 어렵게 하고 많은 성도가 죄책감을 느끼게 합니다. 전도는 하지 않으면서 죄책감만 느끼는 것은 최악의 모습이지 않을까요?

하나님은 이런 것을 원하지 않으십니다. 또한 예수님도 그 소중한 전도의 사역을 맡기시면서 우리가 죄책감을 느끼게 하지는 않으셨을 것입니다. 그렇다면 전도는 어떻게 해야 할까요? 가장 먼저는 전도가 예수님의 명령이라는 사실을 알아야 합니다. 열정적인 자세로 명령을 수행하면 가장 좋지만, 열정적이지 않더라도 주님의 명령에 순종하는 마음으로 수행하면 됩니다.

주님은 열정적으로 하는 사람을 기뻐하십니다. 하지만 그분의 명령을 수행하고 있는데 열정이 없다고 책망하지는 않으실 것입니다. 오히려 열정이 없는데도 주님의 명령에 순종해보겠다고 나선 성도를 기특해하시며 전도의 기쁨과 열정을 부어주실 것입니다.

전도는 선택이 아니라 필수입니다. 열정이 있으면 하고 없으면 하지 않는 것이 아니라, 주님의 명령이고 필수이기 때문에 하는 것입니다. 문제는 전도가 쉽지 않고, 부담스럽고, 때로는 창피하게 느껴지기도 한다는 점인데 이는 '전도는 무조건 많이 해야 한다'라는 강박관념에서 비롯됩니다.

　20세기 중반, 한국 교회의 성장기에는 이런 전략이 매우 효과적이어서 예수님의 말씀처럼 강권하여 자리를 채우는(눅 14:23) 일이 교회의 높은 성장률에 기여했습니다. 그런데 그러다 보니 허수가 많아졌고, 전도는 많이 했지만 제대로 된 교육이 뒤따르지 못해 교회 내에 문제도 많아졌습니다.

　오늘날 한국 교회의 성도 수가 많이 줄어드는 데에는 허수가 정리되는 경우, 그리고 교회 안의 많은 문제에 실망해서 떠난 경우가 상당수를 차지할 것입니다.

전도의 단계

　이제는 전도는 무조건 많이 해야 한다는 강박관념에서 벗어나 전도를 제대로 해야 한다는 생각으로 방향을 전환하는 것이 필요합니다. 먼저 나 자신이 하나님을 아는 바른 지식으로 채워지며, 힘써 예수 그리스도를 닮아가는 일이 필요합니다. 이것이 전도의 1단계입니다.

　다른 이에게 입을 열어 복음을 전한 일이 없는데도 전도의 단계에 넣는 것이 옳을까요? 네, 그렇습니다. 내가 하나님을 바로 알고 예수 그리스도를 닮아가는 삶을 사는 것은 전도의 아주 중요한 단계입니다. 기독교인들이 비난받는 이 시대에 올바른 신앙생활을 위해 애쓰는 것, 그래서 믿지 않는 사람들에게 참된 복음의 삶이 무엇인지를 보여주는 것, 비난받지 않고 도리어 존경받는 삶. 전도는 여기서부터 시작되는 것입니다.

전도의 2단계는 비대면 전도입니다. 어느 교회든 전도지, 전도 스티커, 전도 수세미, 전도 마스크, 전도 건빵, 전도 티슈, 전도 컵받침 등 전도를 위한 용품들을 준비해놓았을 것입니다. 아직 사람을 만나 전도하기가 쉽지 않다면 이런 용품들을 전달하는 것으로 동참할 수 있습니다. 지나가는 사람들에게 건네도 좋고, 우편함에 넣어두어도 좋습니다.

물론 사람에게 직접 전달할 경우에는 거절당할 때의 민망함을 어느 정도 감수해야 합니다. 그러나 주님의 명령을 위해 민망함과 부끄러움을 감수하는 그 수고를 하나님은 분명 기뻐하십니다. 그리고 전도자에게 주시는 상과 복을 아끼지 않으실 것입니다.

전도의 마지막 3단계는 전도의 꽃이라 할 수 있는 '관계 전도'입니다. 누군가를 직접 만나서 분명하게 복음의 메시지를 전하는 것으로, 이 단계에서는 '때를 얻거나 얻지 못하거나'의 전략이 필요합니다. 때를 얻었다는 것은 전도 대상자를 만나고 입을 열어서 복음을 전할 기회를 얻은 것을 말하고, 때를 얻지 못했다는 것은 전도 대상자는 있지만 아직 복음을 전할 때가 무르익지 않은 상태라는 의미입니다.

아직 복음을 전할 때를 얻지 못했더라도 전도 대상자를 위해 기도함으로 전도를 준비합니다. 그에게 담대하게 복음을 전할 수 있기를, 또한 그가 마음을 열고 복음을 받아들이기를 기도합니다. 그리고 복음의 메시지를 전할 기회를 얻었을 때는 주님을 의지하여 담대히 복음을 전합니다.

전도의 실패와 성공

여기서 꼭 알아야 할 것은 우리는 전할 뿐, 책임은 우리가 지는 것이 아니라는 사실입니다. 복음을 전할 때 상대방이 복음을 받아들이지 않으면 전도에 실패했다고 생각하는 사람이 많습니다. 그래서 실망하고 전도의 동력을 상실하게 되는데, 이것은 잘못된 생각입니다. 내가 복음 전도지를 전하거나 내 입으로 복음 메시지를 전했다면 전도에 성공한 것입니다.

내가 전한 복음을 그가 받아들이느냐 받아들이지 않느냐는 내 능력에 달린 것도 아니고 내 책임도 아닙니다. 우리는 그저 전할 뿐입니다. 주님의 종으로서 주님의 명령을 따라 주님의 복음을 전할 뿐이고, 나머지는 주님께서 주관하십니다. 이런 마음으로 전도한다면 훨씬 부담 없이 전할 수 있습니다.

전도의 상과 복

하나님은 전도자에게 반드시 상과 복을 주십니다. 그런데 그 상과 복은 전도 대상자가 복음을 받아들여야만 받는 것이 아닙니다. 복음을 전하기만 하면 그는 하나님께 전도자의 상과 복을 받습니다. 복음을 전했다면 누구나 전도자의 상과 복을 받으며, 그 상과 복은 우리가 무엇을 상상하든 그 이상입니다.

목사인 저는 가끔 임종을 앞둔 부모님에게 복음을 전해달라는 부탁을 받곤 합니다. 성도님들은 이런 부탁을 하면서 "목사님, 바쁘실 텐데 번거롭게 해드려 죄송합니다"라고 말합니다. 하지만 이런 일은 결코 목사를 번거롭게 하는 일이 아닙니다. 오히려 목사를 살아 있게 하고 보람 있게 하는 일입니다. 목사에게 복음을 전하는 일, 그것도 이 세상에서 생명이 얼마 남지 않은 분에게 복음을 전하는 일보다 더 시급하고 중요한 일은 없습니다.

병원에 도착해서 거의 의식이 없는 분의 손을 잡고, 귀에 입을 바짝 대고 복음을 전합니다. 그 후에 확인의 과정을 거칩니다.

"예수 그리스도를 구주로 영접하십니까? 말로 표현을 할 수 없는 상황이라면, 지금 잡고 계시는 제 손을 꼭 쥐어주세요. 그러면 '예'라고 답하시는 것으로 알겠습니다."

침상에 누워 거의 의식도 없고 말도 하지 못하는 상태인데도 마지막 힘을 다하여 제 손을 꼭 잡는 그 손길에 이분이 예수 그리스도를 구주로 영접하였음을 알게 됩니다. 너무나 감사하고 감격스러운 순간입니다. 동시에 너무나 안타깝고 안쓰러운 순간이기도 합니다.

이분이 좀 더 일찍 예수 그리스도를 구주로 영접했다면, 젊은 시절 복음을 받아들이고 하나님의 자녀가 됐더라면 그 인생이 얼마나 아름답고 복되었을까요? 예수 그리스도를 알지 못하고, 하나님을 섬기지 않고 살았던 지난날이 얼마나 후회스러울까요? 가까스로 구원은 받았지만 천국에서 하나님께 받을 상급이 없는 것을 볼 때 하나님께 큰 상과 많은 복을 받는 다른 이들이 얼마나 부러울까요? 너무 아깝고 짠합니다.

전도는 이 안타까운 세월을 복된 세월로 바꾸는 유일한 방법입니다. 한 사람의 인생을 살리는 일이며 또한 영원한 상과 복을 선물하는 일입니다.

구제

구제는 성도의 당연한 의무입니다. 하나님은 구약의 이스라엘 백성들에게 이렇게 명령하셨습니다.

너희가 너희의 땅에서 곡식을 거둘 때에

너는 밭모퉁이까지 다 거두지 말고

네 떨어진 이삭도 줍지 말며

네 포도원의 열매를 다 따지 말며

네 포도원에 떨어진 열매도 줍지 말고

가난한 사람과 거류민을 위하여 버려두라

나는 너희의 하나님 여호와이니라

레위기 19장 9,10절

이 명령에서 가난한 자들을 향한 하나님의 마음이 느껴집니다. 하나님은 늘 가난하고 어려운 상황 가운데 있는 사람들에게 관심을 보이시며, 그들을 돕는 사역을 매우 중요하게 생각하십니다.

하나님은 그 소중한 일을 하나님의 백성들에게 맡기셨습니다. 소중한 일, 반드시 상과 복을 받을 일을 하나님의 백성들에게 맡기셔서 그들은 가난한 이웃들을 돕고, 하나님은 그들에게 상과 복을 주시기를 원하신 것입니다.

그러면 그들은 더 풍성하게 하나님께서 기뻐하시는 일을 하게 될 것이고, 하나님은 그들에게 더 큰 상과 복을 주십니다. 이처럼 아름다운 선순환이 또 어디에 있겠습니까! 하나님도 좋으시고 하나님의 백성과 가난한 이웃까지 모두가 좋은 윈-윈-윈의 아름다운 일이 이루어지는 것입니다.

구제의 원리

그렇다면 하나님께서 기뻐하시는 구제를 어떻게 해야 할까요? 예수님은 구제의 원리를 이렇게 말씀하셨습니다.

사람에게 보이려고 그들 앞에서 너희 의를 행하지 않도록 주의하라

그리하지 아니하면 하늘에 계신 너희 아버지께 상을 받지 못하느니라

너는 구제할 때에 오른손이 하는 것을 왼손이 모르게 하여

네 구제함을 은밀하게 하라

은밀한 중에 보시는 너의 아버지께서 갚으시리라

마태복음 6장 1,3,4절

이 말씀에는 구제에 관한 세 가지 중요한 원리가 담겨 있습니다.

① 사람에게 영광을 받으려는 목적으로 구제를 해서는 안 된다.

② 구제는 은밀하게 해야 한다.

③ 하나님은 구제하는 자들에게 반드시 상을 주신다.

이 중 두 번째 원리 '구제는 은밀하게 해야 한다'라는 말은 오해할 수 있어서 부연 설명을 하고자 합니다. 내가 행한 구제가 다른 사람에게 알려지면 하나님께 받을 상이 없다고 생각하는 분도 있

습니다. 그러나 그렇지 않습니다. 예수님은 우리가 행한 선한 일이 세상에 알려지는 것이 나쁜 일이 아니며, 도리어 그 모습을 본 사람들이 하나님께 영광을 돌리게 해야 한다고 하셨습니다.

> 이같이 너희 빛이 사람 앞에 비치게 하여
>
> 그들로 너희 착한 행실을 보고
>
> 하늘에 계신 너희 아버지께 영광을 돌리게 하라
>
> 마태복음 5장 16절

왜 예수님은 구제를 은밀하게 하라고 하셨을까요? 은밀하게 구제하라는 말씀은 몰래 구제하라는 뜻입니다. 그런데 반전은 그 '몰래'의 대상이 타인이 아니라 자기 자신이라는 사실에 있습니다. 예수님은 내가 행한 선한 일을 다른 사람들이 절대 알지 못하도록 숨겨야 하는 것이 아니라, 내 오른손이 하는 일을 내 왼손이 모르도록, 곧 내가 하는 일을 내가 모르도록 해야 한다고 말씀하십니다. 쉽게 말하면 구제할 때 교만한 마음이 생기지 않도록 각별히 주의하라고 말씀하신 것입니다.

자신이 한 구제를 자랑하는 마음은 하나님께 올려드릴 영광을 자신이 차지하고자 하는 교만한 마음으로 이어지기 쉽습니다. 그러므로 구제는 하되, 그 착한 일로 인해서 스스로 교만해지지 않도록 주의하라는 말씀을 마음에 새기기를 바랍니다.

구제는 형편껏, 기쁨으로

구제할 때 내가 감당할 수준을 넘어서면 안 됩니다. 내 형편이
닿는 대로, 내 마음에 감동이 되는 대로 어려운 상태에 있는 이웃
들을 도우면 됩니다. 내 힘에 지나치도록 많이 도우려고 하면 부담
이 되고, 부담스러운 구제는 나 자신에게도 상대방에게도 기쁨이
되지 않습니다. 그러므로 자기가 감당할 수 있는 범위 내에서, 나
와 상대방에게 부담스럽지 않은 선에서 구제의 손길을 펼치는 것
이 좋습니다.

또한 개인적으로 주변의 가난하고 어려운 형편에 처한 이웃들
을 찾아서 돕는 일은 그리 쉬운 일이 아닙니다. 그러므로 교회 공
동체 차원에서 구제의 손길을 펼치는 것은 아주 좋은 방법입니다.
그렇게 하면 도움이 꼭 필요한 사람들과 연결되기도 좋고, 성도들
이 힘을 합쳐 돕기 때문에 더 풍성하게 도울 수도 있습니다.

사실 교회 공동체를 통한 구제의 역사는 2천 년에 가깝습니다.
초대 교회가 세워지는 역사와 거의 동시에 구제 사역의 역사도 시
작되었기 때문입니다. 예루살렘 교회 내부의 가난한 성도들을 돕
는 일에서 출발한 교회의 구제 사역은 이후에 국제적으로 확장됩
니다. 예루살렘 지역을 강타한 큰 가뭄으로 가난한 성도들이 큰 고

통을 겪고 있을 때 시리아, 튀르키예, 그리스 등에 있는 교회 공동체들이 그들을 구제하기 위해 연보하고, 사도 바울을 비롯한 교회의 일꾼들이 여러 교회 공동체에서 모은 구제금을 예루살렘 교회에 전달한 일이 성경에 기록되어 있습니다.

사도 바울은 예루살렘 교회의 어려운 이웃들을 도와달라는 사도들의 부탁을 받은 사실을 언급하면서 "그들은 우리에게 한 가지, 곧 가난한 사람들을 기억해달라고 부탁했는데, 그것은 사실 내가 힘써 해오던 일입니다"(갈 2:10, 쉬운성경)라고 말했습니다.

하나님은 구제 사역을 매우 기뻐하시고, 그래서 구제하는 자에게 특별한 마음을 갖고 계십니다. 심지어 우리가 어려운 형편에 있는 이웃에게 행한 일을 하나님 자신에게 행한 일이라고 생각하십니다. 예수님은 이렇게 말씀하셨습니다.

너희가 여기 내 형제 중에 지극히 작은 자 하나에게 한 것이
곧 내게 한 것이니라
마태복음 25장 40절

이 말씀과 짝이 되는 말씀도 있습니다.

이 지극히 작은 자 하나에게 하지 아니한 것이

곧 내게 하지 아니한 것이니라

마태복음 25장 45절

교제

교회를 이루는 데 필수적인 사역 중 하나인 교제는 종종 과소 평가되거나 지나치게 강조되곤 합니다. 다음의 두 가지 극단적인 사례를 예로 들 수 있습니다.

하나는 교제를 아예 없애버린 경우입니다. 교회는 예배하고 교육하고 전도하는 곳이지 어울려 노는 곳이 아니기 때문이라는 것입니다. 다른 하나는 교제를 가장 중요시하여 예배와 교육, 전도와 구제 등은 뒷전이고 모여서 재미있게 놀고 즐기는 일에만 관심을 두는 경우입니다. 그 이유는 교제를 활발하게 해야 사람들이 잘 모이고, 일단 사람들이 많이 모여야 다른 사역들도 풍성해지기 때문이라고 말합니다.

이 두 경우는 모두 극단적인 예들이고, 실제로 그렇게 하는 교회들은 거의 없을 것입니다. 그럼에도 항상 이 양극단을 경계해야 하는 이유는 아무리 좋은 것이라 할지라도 적절함을 잃으면 교회에 무익한 정도를 넘어서서 해를 끼치기 때문입니다.

성도가 소통하게 하는 세계관

교제는 그 의미를 제대로 알고서 적절하게 이루어져야 합니다. 교제의 의미는 우리가 신앙고백으로 암송하는 사도신경에서 찾아볼 수 있습니다. 사도신경에는 이런 내용이 있습니다.

"성도가 서로 교통하는 것과"

성도가 서로 교통하는 것이 교제입니다. 교통한다는 것은 서로 통한다는 말입니다. '통한다'라는 말이 완전한 일치를 의미하는 것은 아닙니다. 사람은 삼위일체 하나님과 달라서 서로 완벽하게 똑같은 생각, 똑같은 말, 똑같은 행동을 하지는 않습니다. 생각도 다르고, 말도 다르고, 행동도 다릅니다.

그렇다고 해서 통하지 않는 것은 아닙니다. 서로 다름에도 불구하고 서로 통하도록 연결해주는 것이 있습니다. 그것은 바로 세계관입니다. 세계를 바라보는 눈이 같으면 세부적인 사항에서 다른 점이 있어도 소통할 수 있습니다. 반면에 세계관이 다르면 잘 어울릴 것 같은 사람들도 전혀 소통하지 못합니다.

그렇다면 그리스도인인 우리를 하나로 묶어주는 세계관은 무엇일까요? 그것을 '기독교 세계관'이라고 말합니다. 비록 우리는 여러 부분에서 다르지만 기독교 세계관이라는 공통의 세계관 속에서 서로 교통하게 됩니다. 기독교 세계관을 아주 간략히 정의한다면 '우리가 사는 이 세계의 주인은 하나님이시다'라는 관점으로 세상을 보는 것입니다.

기독교 세계관과 반대가 되는 것은 하나님이 이 세상의 주인이심을 부인하거나, 하나님은 이 세상의 일부에 한해서만 주인이시라는 관점입니다. 우리는 이런 세계관과는 소통하지 못합니다. 대화는 할 수 있지만, 세상을 바라보는 관점이 다르므로 소통은 할 수 없습니다.

그러나 한 번도 만난 적이 없고, 그 얼굴도 이름도 알지 못했다 할지라도 기독교 세계관을 가진 사람을 만나면 친근하게 교제할 수 있습니다. 같은 기독교 세계관을 공유하고 있기 때문입니다. 그리스도인들은 동일한 기독교 세계관을 통해 소통합니다.

그러므로 교회 안에서 모든 성도는 예배를 드릴 때나 봉사할 때나, 어울려 노는 시간을 가질 때도 항상 기독교 세계관 안에서 교통해야 합니다. 그냥 노는 것 같고 수다 떠는 것처럼 보여도, 그 모든 것의 목적은 주인 되신 하나님께 영광을 올려드리는 것이 되어야 합니다. 우리의 목적은 나를 즐겁게 하는 것이 아니라 우리의 주인이신 하나님을 즐겁게 하는 것이고, 하나님을 즐겁게 해드리는 일이 곧 나의 가장 큰 기쁨이 되는 것입니다.

헌금

헌금에 대한 마음가짐은 신앙생활에서 매우 중요한 부분을 차지합니다. 하나님께 무엇인가를 예물로 드릴 수 있다는 사실은 손해가 아니라 특권입니다. 하나님께 드릴 감사가 있다는 것, 하나님께 감사를 표현할 수 있다는 것, 우리에게 있는 것으로 하나님을 기쁘시게 할 수 있다는 것은 참으로 아름다운 특권입니다.

그렇다면 무엇으로 하나님께 예물을 드려야 합니까? 고대 이스라엘 사람들은 소, 양, 염소, 곡식, 향품 등으로 예물을 드렸습니다. 그러나 오늘날에는 그런 실물보다는 거의 대부분 돈으로 예물을 드립니다. 왜 돈으로 하나님께 예물을 드릴까요? 돈이 우리의 삶에서 중요한 것이기 때문입니다.

돈으로 예물을 드리는 것이 소나 양 같은 가축이나, 쌀이나 보리와 같은 곡식으로 드리는 것보다 편리하기 때문일 수도 있지만, 기본적으로 우리가 소유한 것들 가운데 가장 소중한 것이기 때문에 돈을 하나님께 예물로 드립니다.

만일 우리에게 돈이 소중하지 않다면 돈을 하나님께 예물을 드려서는 안 됩니다. 나에게 가장 소중한 생명과 구원의 은총을 베푸신 하나님께 드리는 예물은 나에게 가장 소중한 것으로 드려야 합니다. 나에게 소중하지 않은 것을 예물로 드리는 것은 하나님에 대한 예의가 아닙니다.

돈을 하나님께 예물로 드리지 않는 경우는 둘 중 하나입니다. 하나는 돈이 나에게 소중한 것이 아니기 때문이고, 다른 하나는 돈이 너무나 소중해서 하나님께 드리기 아까운 것입니다.

헌금을 드릴 때의 원칙

그렇다면 우리는 어떻게 헌금을 해야 할까요? 성경은 헌금의 원리에 대해 이렇게 말씀합니다.

각각 그 마음에 정한 대로 할 것이요
인색함으로나 억지로 하지 말지니
하나님은 즐겨 내는 자를 사랑하시느니라
하나님이 능히 모든 은혜를 너희에게 넘치게 하시나니
이는 너희로 모든 일에 항상 모든 것이 넉넉하여
모든 착한 일을 넘치게 하게 하려 하심이라

고린도후서 9장 7,8절

성경이 제시하는 헌금의 원리는 다음과 같습니다.

첫째, 헌금은 다른 사람이 정해주는 것이 아니라 자신이 스스로 정한 대로 하는 것입니다.

둘째, 헌금은 인색함으로 해서는 안 됩니다.

인색함으로 한다는 것은 하나님께 받은 은혜가 크고 풍성함에도, 또한 자기 형편이 그렇게 어렵지도 않은데도, 헌금을 하는 것이 아까워서 아주 적게 드리는 것을 말합니다. 하나님은 이런 태도를 기뻐하지 않으십니다.

셋째, 헌금은 억지로 하는 것이 아닙니다.

억지로 헌금한다는 것은 헌금하고 싶은 마음이 없는데 다른 사람들은 다 하고 있으니까 체면 때문에 내키지 않는 마음으로 어쩔 수 없이 하는 것을 말합니다. 이런 태도 역시 하나님께서 기뻐하지 않으십니다.

넷째, 헌금은 내게 모든 은혜를 넘치게 하신 하나님께 감사하는 마음으로 드리는 것입니다.

헌금은 '기브 앤 테이크'(give-and-take)가 아닙니다. 하나님과 우리의 사이는 내가 하나님께 무엇을 드리면 하나님께서 그 대가로 무엇을 주시는 그런 관계가 아닙니다. 항상 하나님께서 먼저 우리에게 은혜를 베푸십니다. 우리는 그 은혜에 감사하는 마음을 헌금으로 표현합니다.

다섯째, 하나님은 우리에게 더 많은 복을 주시기를 원하시고, 그래서 헌금하라고 명하십니다.

헌금은 하나님께서 우리에게 복을 주시는 통로입니다. 헌금을 하면 하나님은 그 마음을 기쁘게 받으시고, 우리가 하나님께서 기뻐하시는 선한 일을 더 풍성히 할 수 있도록 복을 더욱 많이 부어주십니다. 즉 우리가 하나님께 무엇인가를 얻어내기 위해서 헌금을 하는 것은 아니지만, 결과적으로 우리의 헌금을 기쁘게 받으시는 하나님은 우리에게 기쁜 마음으로 복을 부어주십니다.

우리의 동기와 하나님의 동기 사이에 교집합으로 있는 것이 헌금입니다. 우리는 하나님의 은혜에 감사해서 헌금을 하고, 하나님은 헌금하는 마음을 기쁘게 받으시고 복을 더욱 주십니다.

헌금은 그 동기가 바르다면 최고의 '축복의 통로'가 됩니다. 반대로 동기가 바르지 못하면 아무리 많은 금액을 드려도 하나님의 기쁘심이 될 수 없고, 복의 통로가 되지 못합니다. 그러므로 가장 중요한 것은 헌금을 하는 동기입니다.

하나님을 향한 진정한 감사와 사랑이 담긴 헌금은 하나님의 감동을 일으킵니다. 하나님께서 감동하시면 우리를 위해 더욱 풍성한 복을 부어주십니다. 참으로 아름다운 선순환입니다. 우리가 평생 이런 아름다운 선순환 가운데 있기를 간절히 바랍니다.

같은 은혜, 특별한 복

그렇다면 헌금을 하지 않는 자들에 대해 하나님은 어떻게 반응하실까요? 은혜와 복을 전혀 주지 않으실까요? 그렇지 않습니다. 그들에게도 복을 주십니다. 아니, 하나님을 믿지 않는 자들에게도 은혜를 베푸시고 복을 주십니다. 예수님은 이렇게 말씀하셨습니다.

하나님이 그 해를 악인과 선인에게 비추시며
비를 의로운 자와 불의한 자에게 내려주심이라
마태복음 5장 45절

하나님은 인자와 긍휼이 크시기에 악인이나 선인이나, 의로운
자나 불의한 자나, 하나님을 섬기는 자나 섬기지 않는 자나 모두에
게 은혜를 베푸시고 복을 주십니다.

그러나 하나님의 은혜에 감사하는 자, 하나님께 순종하며 충성
하는 자, 하나님께 예물을 드리는 자에게는 특별한 상과 복을 주십
니다. 적당히 먹고 살 정도의 복이 아니라 차고 넘치는 복을 주셔
서 하나님께서 기뻐하시는 일들을 더욱 풍성하게 이루게 하십니
다. 나아가 그들의 자자손손 대대로 그 복되고 아름다운 착한 일을
계속 이어가도록 하십니다. 십일조에 대한 하나님의 약속은 이 사
실을 분명하게 증언합니다.

만군의 여호와가 이르노라
너희의 온전한 십일조를 창고에 들여
나의 집에 양식이 있게 하고

그것으로 나를 시험하여 내가 하늘 문을 열고

너희에게 복을 쌓을 곳이 없도록

붓지 아니하나 보라

말라기서 3장 10절

하나님은 시험을 받지 않으시는 분입니다. 여기에서 말하는 '시험'은 테스트하는 것을 가리킵니다. 시험은 하나님께서 사람에게 하시는 것이지, 사람이 하나님께 하는 것이 아닙니다. 그럼에도 하나님은 성경 전체를 통틀어 단 한 번, 바로 이 구절에서 "나를 시험해보라!"라고 말씀하셨습니다.

왜 이런 말씀을 하셨을까요? 그만큼 그 약속이 확실하다는 것을 드러내시려고 하나님 스스로 보증이 되신 것입니다. 그 확실한 약속과 보증은 무엇입니까? 하나님께 십일조를 드리면 하나님께서 하늘 문을 여시고 우리에게 쌓을 곳이 없을 정도로 복을 넘치게 부어주신다는 말씀입니다.

18
바른 신앙생활이란?

예수님을 만난 니고데모

지금으로부터 약 2천 년 전, 이스라엘 땅에 니고데모라는 사람이 살고 있었습니다. 성경은 그가 바리새인이며 유대인의 지도자라고 소개합니다. 이 소개를 통해 그가 유대인 중에 꽤 명망이 있는 인사라는 사실을 알 수 있습니다.

어느 밤, 니고데모가 예수님을 찾아왔습니다. 밤에 찾아온 이유는 아마도 동료 바리새인들의 눈을 피하기 위해서였을 것입니다. 당시의 바리새인들 대부분이 예수님을 싫어했으므로, 자신이 개인적으로 예수님을 만났다는 사실이 알려지면 비난받을 것이 분명했기 때문입니다.

그럼에도 그는 예수님을 꼭 만나고 싶어 했습니다. 예수님을 만나서 확인하고 싶은 일이 있었기 때문입니다. 예수님을 찾아온 니고데모는 이렇게 말합니다.

"선생님, 우리는 당신이 하나님께로부터 오신 선생님이라는 것을 압니다. 하나님께서 함께하시지 않는다면, 아무도 선생님께서 하셨던 일들을 행할 수 없습니다"(요 3:2).

니고데모는 정직한 사람입니다. 집단의 논리에 빠진 다른 바리새인들처럼 예수님이 행하시는 놀라운 일들을 보면서도 예수님을 인정하지 않고 도리어 공격할 수도 있었습니다. 하지만 그는 예수님이 행하신 표적들을 보고 하나님께서 보내신 분이 아니면 이런 일을 행할 수 없다는 사실을 솔직하게 인정했습니다.

니고데모의 정직함을 보고 기특하게 여기신 예수님은 그에게 구원에 이르는 방법을 알려주십니다.

진실로 진실로 네게 이르노니
사람이 거듭나지 아니하면 하나님의 나라를 볼 수 없느니라
요한복음 3장 3절

니고데모는 '거듭나다'라는 말씀이 무슨 뜻인지 도무지 알 수가 없어서 예수님에게 여쭤봅니다.

"사람이 이미 나이가 많아 어른이 되었는데, 어떻게 다시 태어날 수 있겠습니까? 어머니의 태 안에 다시 들어가 두 번씩이나 태

어날 수 있겠습니까?"(4절)

제가 니고데모였더라도 똑같은 질문을 했을 것입니다. '거듭나다'라는 말의 뜻은 '다시 태어나다'인데, 이미 태어난 사람이 어떻게 다시 태어날 수 있을까요?

세계관의 전환

'거듭나다'라는 말에는 바른 신앙생활의 원리가 담겨 있습니다. 거듭난다는 것은 우리 몸이 어머니의 태 안으로 도로 들어갔다가 다시 이 세상에 태어나는 것을 말하는 것이 아닙니다. 만일 그렇게 해야만 하나님의 나라를 볼 수 있다면 이 세상에서 하나님의 나라를 볼 수 있는 사람은 아무도 없을 것입니다.

거듭난다는 것은 육체에 속한 것이 아닙니다. 그것은 눈에 보이지는 않지만 분명히 존재하는 변화를 의미합니다. 그 변화를 저는 '세계관의 변화'라고 표현하고자 합니다.

세계관(世界觀)이란 자기 자신과 자신을 둘러싼 모든 것을 바라보는 관점을 말합니다. 거듭난다는 것은 세계관이 바뀌는 것입니다. 이전에 자신이 가지고 있던 세계관을 떠나 새로운 세계관으로 옮겨가는 것을 뜻합니다.

이 과정에서 겉으로는 아무 변화가 없는 것처럼 보일 수 있습니다. 하지만 세계관이 바뀌면 이전과는 전혀 다른 사람이 됩니다. 세계관이 사람의 정체성을 결정하기 때문입니다.

예수님은 니고데모에게 새로운 세계관으로 전환할 것을 말씀하시고, 그 세계관이 어떤 것인지 이렇게 말씀하십니다.

하나님이 세상을 이처럼 사랑하사 독생자를 주셨으니
이는 그를 믿는 자마다 멸망하지 않고 영생을 얻게 하려 하심이라
요한복음 3장 16절

성경 전체에서 가장 유명한 구절이라고 말할 수 있는 요한복음 3장 16절은 예수님과 니고데모의 대화 중에 나온 말씀입니다. 이 말씀에 천국 복음이 담겨 있습니다. 누구든지 하나님의 독생자 예수 그리스도를 믿는 믿음을 가지면 그는 영생을 얻게 됩니다. 내 힘과 내 지혜와 내 노력으로 영생의 구원을 얻는 것이 아니라, 하나님께서 보내신 예수 그리스도를 믿는 믿음을 세계관으로 가진 사람은 구원을 얻습니다.

나의 세계관에서는 누가 주인인가?
이번에는 한 청년이 예수님을 찾아옵니다. 그 이름은 알 수 없지

만 성경은 그가 재물이 많은 부자라고 소개합니다. 그는 예수님에게 이렇게 여쭙니다.

"선생님, 영원한 생명을 얻으려면 어떤 선한 일을 해야 합니까?"(마 19:16)

예수님이 대답하십니다.

"왜 선한 것에 대하여 내게 묻느냐? 선하신 분은 오직 한 분뿐이다. 영원한 생명을 얻고 싶다면, 계명을 지켜라"(17절).

그 청년이 대답합니다.

"이 모든 것을 지금까지 다 지켜 왔습니다. 그 밖에 제게 부족한 것이 무엇입니까?"(20절)

예수님은 말씀하십니다.

"만일 네가 완전해지길 원한다면, 가서 네가 가진 것을 다 팔아 가난한 사람에게 나누어 주어라. 그러면 하늘에서 보물을 얻게 될 것이다. 그런 후에 와서 나를 따르라!"(21절)

그러나 그 청년은 재물이 많으므로 근심하며 떠났습니다. 예수님이 구원에 이르는 방법을 알려주셨지만 받아들이지 않았습니다. 예수님을 따르는 일보다 자기 재산을 따르는 일을 택한 것입니다.

여기서 오해해서는 안 되는 것이 한 가지 있습니다. 자신의 소유를 팔아 가난한 자들에게 나눠주는 것이 구원에 이르는 조건이 될까요? 그렇지 않습니다. 예수 그리스도를 따르는 것이 구원에 이르는 유일한 길입니다.

그러면 왜 예수님은 이 청년에게 소유를 팔아 가난한 자들에게 주라고 말씀하셨을까요? 두 가지 측면에서 살펴볼 수 있습니다.

첫째, 이 부자 청년이 재물을 주인 삼고 있었기 때문입니다.

그의 세계관에서 재물이 중심의 자리를 차지하고 있는데 예수님은 재물을 주인 삼은 세계관을 버리고 예수님을 주인 삼는 세계관으로 전환할 것을 말씀하신 것입니다. 그러나 부자 청년은 이를 거절했습니다.

둘째, 소유를 팔아 가난한 사람들에게 나눠주는 것이 구원에 이르는 길은 아니지만 그것은 천국에 보화를 쌓는 일입니다.

그러나 이 청년은 예수님을 따르는 것을 거부했기 때문에 그럴 기회가 사라졌습니다. 예수 그리스도를 따름으로 구원을 얻은 자만이 자신이 이 세상에서 행한 일로 천국에 보화를 쌓고 이를 누릴 수 있는 것입니다.

이 부자 청년은 안타깝게도 거듭나지 못했습니다. 그는 자신의 세계관에서 벗어나기를 원치 않고 계속 그 안에 머물러 있기를 원했습니다. 예수님의 말씀을 듣고 근심하기는 했으나 예수님 중심의 세계관으로 전환하지는 않았습니다.

이처럼 사람이 자기중심의 세계관을 버리고 예수님 중심의 세계관을 갖는다는 것은 참 힘든 일입니다. 지금도 많은 사람이 '내가 무엇을 해야 구원을 얻을 수 있을까?' 하고 생각하지만 정작 예수 그리스도를 세계관의 주인으로 모셔 들이지는 않습니다. 하나님께서 주신 가장 귀한 선물을 믿음으로 받아들이지 않는 것입니다.

하나님에 관해 아는 지식과 정보가 많고 교회를 오래 다녔어도 여전히 예수 그리스도가 중심이 아닌 나 중심의 세계관을 가지고 있을 수 있을까요? 네, 그럴 수 있습니다. 아직도 '내가 무엇을 해야 구원을 얻을까?' 생각하며 여전히 삶의 주권을 자신이 가지려 할 수 있습니다.

잠잠히 스스로 자신을 돌아보는 시간을 갖기를 바랍니다. 하나님에 대해서 알고, 교회에 다니고, 오랜 세월 신앙생활을 하며 살아왔어도 아직 자신의 세계관이 어떤 상태인지 점검하지 않은 채 지내온 사람도 있을 것입니다. 이제 자기 자신에게 이렇게 질문해 봅시다.

"나는 어떤 세계관을 가지고 있는가?"

세계관은 단번에, 그리고 서서히 변한다

세계관의 전환에는 두 가지 특성이 있습니다. 하나는 단번에 변하는 것이고, 또 하나는 서서히 변하는 것입니다. 모순되는 것 같지만 이 두 가지 특성이 함께 존재합니다.

앞에서 '중생'(重生), 곧 거듭남에 관해 살펴보았습니다. 중생은 단번에 변하는 특성을 말합니다. 예수 그리스도를 '나의 주님'으로 영접하는 순간, 우리는 세계관의 급격한 변화를 경험합니다. '나의 구원자는 예수 그리스도이심'을 믿음으로 선포하는 중생의 순간, 세계관의 주인이 '나'에서 '예수 그리스도'로 전환됩니다.

이 놀라운 선포에서 모든 것이 마무리되면 좋겠지만 중생의 놀라운 순간을 경험한 사람에게서 '내가 중심이 되고 싶은 마음'이 단번에, 그리고 완전히 사라지는 것은 아닙니다. 이 세상에서 살아가는 한 여전히 우리 안에는 내가 내 인생의 주인이 되고 싶은 욕망이 있습니다. 그래서 예수님을 주님으로 잘 모시고 살다가도 이전의 내 모습이 불쑥불쑥 튀어나옵니다.

이렇듯 중생을 경험했어도 우리 안에는 갈등이 있습니다. 예수 그리스도 안에서 새사람이 된 '나'와, 여전히 나 중심으로 살고 싶어 하는 옛사람이 싸우기도 합니다. 그럴 때 너무 놀라지 마십시오. 이런 갈등은 모든 그리스도인이 경험하는 일입니다. 위대한 사도라 불리는 사도 바울 역시 그런 경험을 하고 있음을 고백합니다.

내 속사람으로는 하나님의 법을 즐거워하되
내 지체 속에서 한 다른 법이 내 마음의 법과 싸워
내 지체 속에 있는 죄의 법으로 나를 사로잡는 것을 보는도다

오호라 나는 곤고한 사람이로다

이 사망의 몸에서 누가 나를 건져내랴

로마서 7장 22-24절

사도 바울이 이런 말을 했다는 사실이 충격적입니다. 하지만 이내 이런 생각이 듭니다. '사도 바울도 나와 같은 사람이구나.'

예수 그리스도를 구주로 영접했는데도 여전히 죄를 범하고, 하나님께서 기뻐하지 않으시는 일을 행하기도 하고, 나를 주인 삼고 내 맘대로 살고 싶은 욕망이 있음을 확인할 때 참 당황스럽습니다. 내 옛 자아는 다 사라진 줄 알았는데 여전히 남아 있는 것을 알게 되면 나 자신에게 실망하고 좌절감을 느끼기도 합니다.

하지만 거기서 멈춰서는 안 됩니다. 내가 얼마나 소망이 없는 사람인가를 확인하는 선에서 신앙생활을 중단하는 것은 하나님께서 원하시는 일이 아닙니다.

예수님은 우리가 이런 존재인 줄을 모르고 우리를 위해 십자가에 달리신 것이 아닙니다. 아시고도 우리를 위해 십자가에 달려 그 생명을 내주셨고, 우리가 그렇게 연약한 존재임을 아시기에 우리를 도우실 성령 하나님을 보내주셨습니다. 성령 하나님은 좌절하고 쓰러진 우리의 손을 붙드시고 일으켜 세우십니다.

사도 바울도 그런 경험을 했기에, "오호라 나는 곤고한 사람이

로다!" 하며 탄식을 쏟아내다가 이내 하나님께 감사하며 찬송합니다.

우리 주 예수 그리스도로 말미암아 하나님께 감사하리로다
그런즉 내 자신이 마음으로는 하나님의 법을
육신으로는 죄의 법을 섬기노라
로마서 7장 25절

사도 바울의 이 고백에서 오해해서는 안 되는 표현이 있습니다. "마음으로는 하나님의 법을, 육신으로는 죄의 법을 섬기노라"라는 표현을 보면서 마음은 선한 것이고, 육신은 악한 것이라고 생각하면 안 됩니다. 마음과 육신, 또는 영과 육을 나누는 것은 사도 바울의 독특한 표현법인데, 그 개념을 명확히 알아야 합니다.

마음 또는 영은 선하고, 육신 또는 육은 악하다고 말하는 것이 아닙니다. 하나님의 법을 따르는 나의 삶을 마음 또는 영으로, 죄의 법을 따르는 나의 삶을 육신 또는 육으로 표현한 것입니다.

즉 우리의 삶에는 하나님의 법을 따르는 부분도 있고, 죄의 법을 따르는 부분도 있습니다. 우리가 천국에 가면 오직 하나님의 법을 따르게 되지만, 이 세상에서는 양쪽이 다 존재합니다.

성장하는 그리스도인

우리는 이 세상을 사는 동안 하나님의 법을 따르기도 하고, 죄의 법을 따르기도 합니다. 이런 자기 자신을 보고 어떻게 반응해야 할까요? 천국 가는 날까지 이런 패턴은 계속될 것이니 그대로 놔두면 될까요? 아닙니다. 하나님은 우리가 성장하기를 원하시고, 그 모습을 보며 기뻐하십니다.

제 아내가 둘째 아이를 임신했을 때의 일입니다. 한 번은 초음파 검사를 하던 산부인과 의사가 아이가 몇 주째 성장하지 않고 있다고 해서 매일같이 아내의 배에 안수하며 기도한 적이 있습니다. 결과적으로는 아이가 아무 이상 없이 건강하게 태어났지만, 그 이야기를 들을 때는 마음이 무척 힘들었습니다. 이처럼 부모는 자녀가 성장하지 않으면 근심하고 건강하게 성장하면 기뻐합니다.

우리가 하나님을 기쁘시게 하는 일은 성장하는 일입니다. 하나님께서 기뻐하실 모습으로 성장해야 합니다. 좋은 것은 더 키우고 나쁜 것은 줄여가며 성장해야 합니다. 성장의 방법은 하나님의 법을 따르는 삶은 점점 더 키워가고, 죄의 법을 따르는 부분은 점점 더 줄여가는 것입니다.

중생, 곧 거듭남을 통해 하나님 중심의 세계관이라는 집을 지었다면, 이제는 그 집 내부의 인테리어를 하나님께서 기뻐하시는 것들로 바꾸고, 그런 물품들로 채워야 합니다.

하나님 중심의 세계관을 가진 사람이 거짓말을 하는 것은 그의 삶에 어울리지 않습니다. 예수 그리스도를 주님으로 모시고 사는 사람이 남의 것을 탐내는 것도, 성령 하나님의 인도하심을 받는 사람이 성적으로 문란한 삶을 사는 것도 어울리지 않습니다. 단번에 고치기는 힘들겠지만 계속해서 고쳐나가야 합니다.

이 일이 얼마나 힘든 일인지는 우리 스스로가 너무나 잘 압니다. 시도하다가 지쳐서 쓰러지기를 반복할 수도 있습니다. 그러나 좌절하지 말고 힘을 내십시오. 우리의 연약함을 잘 아시는 하나님께서 지금 이 순간에도 우리를 돕고 계십니다. 우리가 하나님을 의지하여, 비록 더딜지라도 성장하기를 멈추지 않는다면 하나님은 우리를 기특하게 여기십니다.

하나님이 우리의 성장을 기뻐하신다

이제 저는 '바른 신앙생활이란 무엇인가?'라는 주제에 결론을 내리고자 합니다.

"바른 신앙생활이란 성장하는 신앙생활이다."

많은 사람이 다른 이들과 경쟁하여 뛰어난 결과를 얻은 후에 하나님께 영광을 돌리려 합니다. 그렇게 하는 것이 하나님께 기쁨을 드리는 일이라고 생각합니다. 저도 그렇게 생각할 때가 있었습니다. 최고가 되어서 하나님께 기쁨을 드려야겠다는 결연한 의지를 품고 공부도 열심히 하고 사역도 열심히 했습니다. 그런데 어느 날 이런 깨달음을 얻었습니다.

'하나님의 기쁨을 얻기 위해 꼭 다른 사람들을 이겨야 하는 건 아니잖아? 하나님의 칭찬을 받으려고 다른 사람들을 꼭 제쳐야 하는 건 아니야.'

경쟁심이 발전의 동력이 되기도 하지만, 하나님은 우리가 남보다 뛰어나기 위해 경쟁하며 스트레스를 받는 것을 원하지 않으십니다. 하나님께서 원하시는 것은 우리가 성장하고 성숙해 가는 것입니다. 어제보다 오늘, 오늘보다 내일, 우리가 성장하면 하나님은 기뻐하며 칭찬하십니다.

성장하는 그리스도인들이 모이면 세상의 빛이 되고 소금이 됩니다. 우리가 바른 신앙생활을 하고 있다면, 곧 믿음과 소망과 사랑 가운데서 성장하고 있다면 우리로 인해 이 세상은 그만큼 더 천국의 빛을 보고, 천국의 맛을 경험하게 됩니다.

세상을 변화시킬 위대한 일을 해야 한다는 강박관념 속에 고민만 하는 것보다, 내 삶의 현장에서 묵묵히 바른 신앙생활을 하는 것이 이 세상을 더 좋게 만듭니다.

지금까지 바른 신앙생활에 대해 말씀을 나눴습니다. 신앙생활을 이제 갓 시작했거나, 오랜 세월 신앙생활을 했어도 이 주제를 깊이 생각해본 적이 없는 사람들에게는 하나님 중심의 세계관이 낯설어 보이고 어렵게 느껴질 수도 있습니다. 하지만 염려하지 마십시오. 당신이 예수 그리스도의 복음을 듣게 된 일, 교회로 발걸음하게 된 일, 그리고 이 책을 읽게 된 일까지 이 모든 일은 우연히 이루어진 것이 아닙니다.

당신은 하나님의 선하신 계획 가운데 있습니다. 당신을 택하신 하나님은 당신이 바른 신앙생활을 하기를 원하시고 또한 그 길로 인도하실 것입니다. 그러므로 두려워하지 말고 하나님의 선하신 계획에 자신을 내어드리기를 바랍니다. 하나님은 바른 신앙생활을 시작한 여러분을 기뻐하시며, 아름답고 건강하게 성장하도록 하실 것입니다.

공부를 마치며 점검해봅시다

• 당신의 예배는 무엇이 동기가 되어 이루어지고 있습니까? 자신의 예배
  를 점검해봅시다.

• '바른 신앙생활'이란 무엇입니까? 바른 신앙생활을 위해 당신은 어떤 생
  각을 가지며, 어떤 노력을 해야 한다고 생각합니까?

하나님께 가장 귀한 선물

지금까지 저와 함께 기독교 신앙의 가장 기본적인 내용들을 공부했습니다. 이제 이 책을 마치며 저는 당신과 이 마지막 질문의 답을 찾고자 합니다.

"신앙생활을 하는 '현실적인' 목적이 무엇입니까?"

신앙생활을 하는 궁극적인 목적은 당연히 하나님을 섬기는 일입니다. 하나님을 알고, 하나님을 믿고, 하나님의 뜻대로 행하며 하나님을 하나님으로 섬기는 일이 신앙생활의 궁극적인 목적입니다. 그렇다면 신앙생활을 통해 우리가 얻게 될 현실적인 유익은 무엇입니까?

이 질문에는 다양한 답이 나올 수 있습니다. 마음의 평안을 얻는 것, 힘들고 지칠 때 다시 일어설 수 있는 새 힘을 얻는 것, 내가 간절히 바라고 소원하는 일들을 이루는 데 하나님의 도우심을 얻는 것, 같은 신앙을 가진 좋은 사람들을 만나서 교제하는 것 등등 대답하는 사람마다 서로 다른 답을 내놓을 수 있습니다.

이 모든 것이 다 중요하지만 신앙생활에서 가장 중요한 것은 '구원'입니다. 우리는 구원을 얻기 위해 신앙생활을 합니다. 아무리 열심히 교회에 다니고 열심히 봉사한들 구원을 얻지 못한다면 무슨 소용이 있겠습니까?

그러므로 이 시간 당신은 가장 중요한 일을 해야 합니다. 그 '가장 중요한 일'은 구원을 얻는 일입니다. 당신의 구원을 위해 필요한 모든 것은 이미 다 준비되었습니다. 성부 하나님, 성자 하나님, 성령 하나님, 곧 삼위일체 하나님께서는 당신을 구원하기 위한 모든 것을 계획하셨고, 이루셨고, 또한 지금 당신에게 그 일이 이루어지기를 원하십니다.

구원에 이르는 믿음의 진단

성경은 구원을 얻는 방법을 이렇게 말씀합니다.

사람이 마음으로 믿어 의에 이르고
입으로 시인하여 구원에 이르느니라
로마서 10장 10절

당신이 구원에 이르는 믿음을 가지고 있는지 다음의 질문들을 통해 확인해 보십시오.

• 당신은 삼위일체 하나님이 존재하심을 믿습니까?

• 당신은 하나님께서 당신을 창조하셨음을 믿습니까?

• 당신은 예수 그리스도께서 십자가에 달려 죽으심으로 당신의
  죗값을 대신 갚으셨음을 믿습니까?

• 당신은 사망 권세를 이기시고 부활하신 예수 그리스도를 따라
  부활하게 될 것을 믿습니까?

• 당신은 예수 그리스도의 재림의 날, 곧 최후 심판의 날에 영원한
  죽음의 심판이 아닌 영원한 생명의 구원을 얻게 될 줄 믿습니까?

• 당신은 성령께서 당신에게 이 놀라운 구원의 일들을 깨닫게 하시
  고, 믿게 하시며, 이끌어 가고 계심을 믿습니까?

• 당신은 구원받은 하나님의 자녀임을 믿습니까?

이 모든 질문에 "네"라고 대답하셨다면, 다음의 영접기도문을 따라 기도하며 하나님을 '나의 주님'으로 모셔 들이기를 바랍니다. 이미 예수 그리스도를 구주로 영접하셨다면 고백기도(212쪽)를 드리며 하나님께 더욱 가까이 나아가시기를 바랍니다.

당신은 세상에서 가장 복된 사람입니다. 하나님께서 이 세상에 보내신 '가장 귀한 선물'인 예수 그리스도를 영접하고 구원을 얻었기 때문입니다. 얼마나 영광스럽고 감사하고 기쁜 일입니까!

그런데 영광스럽고 감사하고 기쁜 일은 거기서 그치지 않습니다. 당신이 하나님께서 주시는 가장 귀한 선물을 믿음으로 받아들이는 순간 하나님은 당신을 가장 귀한 선물로 받으십니다. 하나님께 가장 귀한 선물을 받은 당신이 곧 하나님께는 가장 귀한 선물인 것입니다.

하나님을 향한 당신의 믿음과 순종은 하나님께서 가장 원하시는 것입니다. 하나님은 당신을 사랑하셔서 가장 귀한 선물을 주셨고, 당신도 하나님을 사랑함으로 가장 귀한 선물을 드렸습니다. 가장 귀한 선물을 주시고 또한 가장 귀한 선물을 드리는, 하나님과 당신 사이의 이 아름답고 복된 관계가 영원하기를 축복합니다.

사랑하는 나의 하나님.

저는 지금까지 하나님을 믿지 않고 살았습니다. 하나님에 대해서 들은 적은 있지만 하나님이 존재하심을 믿지 않았습니다.

당연히, 하나님이 저를 창조하셨다는 것도, 하나님이 저를 사랑하신다는 것도, 하나님이 저를 구원하기를 원하신다는 것도 믿지 않았습니다.

피조물인 사람이 창조주이신 하나님을 부인하고 거역하며 사는 것이 죄라는 사실조차 알지 못하고 살았습니다.

그러나 이제 저는 하나님을 믿습니다.

또한 제가 죄인임을 고백합니다. 저는 이 무거운 죄들을 감히 감당할 수 없어서 오직 하나님께 죄 사함의 은총을 구합니다.

지금까지 제가 지은 모든 죄, 곧 하나님께 지은 죄, 사람들에게 지은 죄, 알고 지은 죄, 모르고 지은 죄, 이 모든 죄를 회개하고 용서받기를 원합니다.

그러므로 저는 이 시간, 제 평생 가장 중요한 결단을 하려고 합니다.

지금부터 저는 예수 그리스도를 저의 구주로 영접합니다.

제 모든 죗값을 대신 갚으시기 위해 십자가에 달려 죽으신 예수님, 저에게 영원한 생명을 주시기 위해 부활하신 예수님을 믿고 의지합니다.
제 삶의 주인이 되셔서 저와 동행하며 저를 다스려주시옵소서.

하나님 아버지,
저는 오직 하나님의 은혜로 구원을 얻었음을 믿습니다.
하지만 저는 여전히 작고 연약합니다. 신앙생활의 첫걸음을 뗀 어린아이와 같은 저에게 죄 많은 이 세상은 너무 두렵고 버겁습니다.
제가 돌이켜 하나님을 믿지 않고 죄에 굴복하는 삶으로 돌아가지 않도록 저를 지켜주시옵소서. 성령의 도우심으로 죄와 싸워 이기며, 호흡하는 모든 순간 하나님을 기쁘시게 하는 삶을 살게 해주시옵소서.

저를 구원하신 하나님을 찬양하며,
나의 주님이신 예수님의 이름으로 기도합니다. 아멘.

고백기도

사랑하는 나의 하나님.

어제나 오늘이나 변함없이 저를 사랑하시는 하나님을 찬양합니다. 죄와 사망의 종이었던 저를 구원하셔서 하나님의 자녀 삼으신 것을 감사드립니다. 그 은혜를 그 무엇으로도 갚을 수 없기에, 온 맘을 다하고 생명을 다해 모든 영광과 감사와 찬양을 하나님께 올려 드립니다.

저를 향한 하나님의 사랑은 변함이 없지만, 저는 때때로 하나님을 향한 믿음이 약해질 때가 있습니다. 하나님의 뜻에 순종하지 않고 살 때도 있습니다. 때로는 하나님보다 저 자신을 더 신뢰하고, 세상을 더 의지하며 살기도 합니다. 제 삶의 주인은 하나님이시라고 고백하면서도 하나님이 아닌 다른 것들을 더 사랑하며 살기도 합니다. 이 모든 죄를 예수 그리스도의 십자가 앞에 내려놓사오니 용서해주시옵소서.

비록 죄와 허물이 있지만, 저는 예수 그리스도가 나의 구주이심을 여전히 믿습니다. 어둠 속에서 방황할 때도, 저는 하나님이 나의 아버지이심을 여전히 믿습니다. 세상에 지쳐 쓰러질 때도, 저는 성령님이 저를 도우심을 여전히 믿습니다.

저는 비록 연약하고 부족하지만 하나님은 크고 강하시오니 저를 다시 일으켜 세우셔서, 악에게 지지 않고 선으로 악을 이기며 하나님의 뜻을 이루며 살게 해주시옵소서.

제 안에 두신 하나님의 비전을 바라봅니다. '무엇을 먹을까, 무엇을 누릴까'보다 먼저 하나님나라와 그 의를 구하며 살기를 원합니다.
참된 그리스도인의 삶을 통해, 입술을 열어 전하는 복음의 선포를 통해 세상을 구원하시는 하나님의 충성스런 일꾼이 되게 해주시옵소서.

이 아름답고 복된 믿음의 여정을 마치고 천국에서 하나님을 뵙는 날, "너는 참으로 착하고 충성된 나의 종이다. 내가 너를 기뻐한다" 하시는 하나님의 칭찬을 받기를 원합니다. 또한 그날에, 저를 위해 준비하신 영원한 상과 복을 받게 하여주시옵소서.

그 영광스러운 날을 믿음의 눈으로 바라보며,
사랑하는 나의 주 예수 그리스도의 이름으로 기도합니다. 아멘.

가장 귀한 선물

초판 1쇄 발행   2023년 6월 9일

지은이   강성운

펴낸이   여진구
책임편집   최현수
편집   이영주 박소영 안수경 김도연 김아진 정아혜
책임디자인   이하은 마영애 | 노지현 조은혜
홍보 · 외서   진효지
마케팅   김상순 강성민   **마케팅지원**   최영배 정나영
제작   조영석   **경영지원**   김혜경 김경희 이지수

303비전성경암송학교 유니게 과정   박정숙
이슬비전도학교 / 303비전성경암송학교 / 303비전꿈나무장학회

펴낸곳   규장

주소   06770 서울시 서초구 매헌로 16길 20(양재2동) 규장선교센터
전화 02)578-0003   **팩스** 02)578-7332
이메일 kyujang0691@gmail.com   **홈페이지** www.kyujang.com
페이스북 facebook.com/kyujangbook   **인스타그램** instagram.com/kyujang_com
카카오스토리 story.kakao.com/kyujangbook
등록일 1978.8.14. 제1-22

ⓒ 저자와의 협약 아래 인지는 생략되었습니다.
이 출판물은 저작권법에 의해 보호를 받는 저작물이므로 무단 전재와 무단 복제를 할 수 없습니다.

책값   뒤표지에 있습니다.
ISBN 979-11-6504-438-1 03230

규 | 장 | 수 | 칙

1. 기도로 기획하고 기도로 제작한다.
2. 오직 그리스도의 성품을 사모하는 독자가 원하고 필요로 하는 책만을 출판한다.
3. 한 활자 한 문장에 온 정성을 쏟는다.
4. 성실과 정확을 생명으로 삼고 일한다.
5. 긍정적이며 적극적인 신앙과 신행일치에의 안내자의 사명을 다한다.
6. 충고와 조언을 항상 감사로 경청한다.
7. 지상목표는 문서선교에 있다.

하나님을 사랑하는 자 곧 그의 뜻대로 부르심을 입은 자들에게는 모든 것이 合力하여 善을 이루느니라(롬 8:28)

 Member of the
Evangelical Christian
Publishers Association

규장은 문서를 통해 복음전파와 신앙교육에 주력하는 국제적 출판사들의
협의체인 복음주의출판협회(E.C.P.A:Evangelical Christian Publishers
Association)의 출판정신에 동참하는 회원(Associate Member)입니다.